기쁨의 총회

예술가시선 37
기쁨의 총회

초판 1쇄 발행　2024년 9월 25일

지은이　박찬일

펴낸이　한영예
편집　박광진
펴낸곳　예술가
출판등록　제2014-000085호
주소　서울 송파구 문정로13길 15-17, 201호
전화　010-3268-3327
팩스　033-345-9936
전자우편　kuenstler1@naver.com
인쇄　아람문화

ISBN　979-11-87081-33-3　03810

* 이 책의 판권은 지은이와 예술가에 있습니다.
* 양측의 동의 없이 무단 전재하거나 복제하는 것을 금합니다.

예술가 시선
37

기쁨의 총회

박찬일 시집

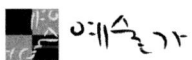

시인의 말

적의 편에서 적을 위해 싸운다. 이루고 싶지 않은 게 이루어지는 거다. 이루어지지 않는 게 이루어지는 거다.

2024.8.26.

목차

시인의 말

1부 기쁨에 대하여

죽은 병사를 위한 노래　14
치자향　17
기쁨에 대하여　18
성격 좋은 자에 사랑과 성격을 구별하기 힘들다　20
어머니가 집 안에서 영영 나타나지 않는다　22
악랄한 인생　23
억울함에 대하여　24
21세기 허무주의　26
인류 원리　28
생쥐의 노래　30
주천강 태생　32
상처의 명수　33
개죽음이 죽음　36
백작이라는 이름의 고양이에게 2023 02 19　38
주천강로 비가　40
「님의 침묵」풍으로　41

2부 집을 위하여

집을 위하여　44
첨성대의 발달　45
모래사장 수정　47
천안삼거리　49
텔레비전-불　50
예수님　52
죽을 때 하는 말　53
가장 중요한 죽음을 죽이자　54
뵈멘의 농부 말이다　56
무제　57

3부 만원이 인생인 인생

몰래가 인생인 인생　60
만원이 인생인 인생　61
소관이 아닌 인생　63
잘못이 인생인 인생에 대하여　65
김춘수　68

무명 69
부디 행복하시오 70
신파조 72
최종단계에 대하여 73
덜 억울해서 좋다—억울해서 죽지 않아 좋다 74
반월저수지 76
내 얼굴 그동안 감사합니다 78
견딜 만하고 살 만한 인간 79
무제 82

4부 자본 사거리

이 시의 제목은 캐피탈 자본주의다 84
그리스 86
2019~2022 87
공설운동장 89
감사한다, 미래의 넋들이여, 90
사랑에 대하여 93
유리멘탈이 8시 뉴스 일반에 생존하는 법 94
시 한 편 96

동네 맛집　97
노구 할미의 죽음　99
잠과 밤과 꿈의 동시성　102
제로에 도달한 예술가　104
집을 위하여—억울을 위하여　106
백조의 나날들—욕조를 채우는 눈물　110
모든 곳의 이론　113

5부 월현리

월현리의 6월 말이다　118
뒤에서 앞으로 새들이 다시 입장이다　120
상고대　122
월현리 사람들　123
주천강 유감　125
해장술 석 잔에 하루를 망치고　127
헤아릴 수 없는 별자리　128
고맙습니다　129
욕하는 인간　130
쪽팔림에 가장 큰 수가 없어　131

느낌이 행함으로—행함이 느낌으로 / 그럴 리 있겠어요? 133
밥을 먹어야겠다, 식기 전에 134
실성, 혹은 알츠하이머가 답이다 135
비행기의 제전 137
형식에 관하여 140
시리즈 복 141

6부 소설 읽었던 일

폭설의 알루미늄 144
형식에 관하여 2 146
오디세우스 148
현대시 149
아버지 전상서 150
공중목욕탕 152
시에 대한 보고서 154
봄날의 남편 156
아름다운 영혼에게 157
인류세—자본세 158
한식에 흘리는 눈물방울 159

7부 80-20%

20-80이 아니라 80-20%다　162
거대한 공동묘지　164
부고란을 보고 알았다　165
어떻게 바닷물을 다 마셔버릴 수 있을까　166
천사는 아들이 아니다　168
과학적 바다　170
닭장인가 토끼장인가　172
병렬양식　173
1955 인도네시아 반둥회의―제3세계, 아시아·아프리카 29개국　176
지리학자 재러드 다이아몬드　177
어머니　179
장작 몇 개가 어려운 인생이 인생인 인생,/ 더불어 사는 삶을 말하면 믿지 마라./ 대개가 약간 더불어 죽음인 삶을 살라　181
쪽팔리는 [섹스와 (쪽팔리는)] 시인은 계속된다　184
기쁨이 인생인 인생　187

1부
기쁨에 대하여

죽은 병사를 위한 노래

너에겐 천형인 줄 알라

남들 앞에 나서지 마라
말하지도 말고 애초初에 듣지 마라
남들 앞에 웃지 마라
현재 날씨에 대해 과거에 대해 일어나지 않은 일에 꼼짝 말라
너에겐 천형이 있다.
혼자 일어나기
혼자 걷기
혼자 신문 보기
혼자 안경 쓰기
혼자 약 먹기 밥 먹기
혼자 욕하기.
너에겐 고향이 없다.

혼자 죽을 것이다. 천형을 갖고 혼자 죽는 천형이라고
남들과 무엇과 도모해서 안 된다.

둘이서 대화 dia-logue라는 것 안 된다
웃지도 무엇에도 울지 마라
너는 죽은 것이다
죽은 자를 위한 도시가 아니다
—나라-세계가 아니다.
죽은 자는 오로지 너뿐이란 걸 상기하라
죽은 자로 태어나서 죽은 자로 죽는다
전염시키지 마라.
혼자 숨어 지내라.

너에겐 천형天刑이었다. 너는 전멸했다
숨어 지내다 죽는 것이 나았다. 소리 나오게 하지 마라
방房의 노년처럼 나오지 말라

죽은 자로 태어나 죽은 자로 죽었다

죽은 병사다

혼자 죽은 병사여

치자향

치자가 보고 싶다
유리 창문과 건넌방 사이
복도 끝에 있던 것. 찬란燦爛한
인생이 보고 싶다.

기쁨에 대하여

어느 행성의 암석에 박힌 말, 기쁨만 갖고 하루종일 어떻게 사나? 슬픔만 갖고는 살 수 있어도 기쁨만으로는 살 수 없어:

기쁨 다음에 찰나랄 것도 없이 비애가 덮치기에 기쁨이 총회를 개최하지 않는 걸까
기쁨의 총회에 초대받지 못한다, 초대받더라도 갔을까.
아 기쁨의 총회가 없어진 지 오래 너는 왜 그러나

기쁨을 축하하지 않은 것은 오만이다. 눈발을 걷는 저 사내의 힘찬 팔에 휘둘리지 않으면 기만이다

기쁨의 총회는 열리지 않는다. 눈발을 힘차게 걷는 저 사내도 곧 보이지 않는다 기쁨은 없다, 혹시 지나가버렸는지 모른다.

한 번만 한 번만 기쁨이 오면 다시는 놓지 않으리라. 수없이 결정 결정했어도 너는 기쁨을 차버리고 비애로 갔네. 비애가 너의 집이다.

기분이 전부일지 모르고 하나일지 모르는 어느 행성의 어느 일지日誌에 적힌 말: 나는 기쁨을 마다하고 슬픔으로 갔다. 하루종일 슬프다

성격 좋은 자에 사랑과 성격을 구별하기 힘들다

좋은 성격과 사랑을 혼동하지 않기를.

사랑인 줄 알지만 성격이다, 성격(의 힘)이 사랑 위에.

성격 좋은 자를 사랑하면 그 주는 사랑에, 사랑 주는 일에! 만족하시길. (성격에 만족하시길)
사랑은 받는 게 아니라 주는 거다, 진짜 사랑을 할 줄 아는군, 사랑 도사의 반열에 올랐군, 경전經典 말씀에 만족하시라.
성격 좋은 사람은 성격이 사랑이다. 오해치 마시기를. ―사랑 같은 좋은 성격을 그대한테만 주지 않습니다.

성격 좋은 사람도 질투는 하는 것 같다, 질투를 왜 하지, 성격 좋은 사람이? 성격보다 질투가 보편적이다. 더 심하게 보편에 합세한다. 성격이 좋으니까.

질투 그걸 사랑 때문이라고 자주 착각하는데,
사랑과 질투를 혼동 마시라. 사랑해서 질투하는 것이라기보다, 성격 좋은 사람도 질투한다. 더 심하게 보편에 합류한다. 질투는 나의 힘이 좋은 성격 위다.

질투가 끝나면 성격性格으로 되돌아간다, 다시 좋은 성격과 사랑을 혼동하게 한다. 당신만을 사랑하는 것처럼 보인다, 좋은 성격 때문인 줄 몰라

'당신을 사랑하는 것은 좋은 성격으로부터이다'

이상以上 좋은 성격의 힘에 관해 논論해 보았다.

성격의 힘!은 행운의 힘만큼 오묘한 것 같다. 힘들다.

이 글은 실화에 기반해 써졌다.

어머니가 집 안에서 영영 나타나지 않는다

나의 걸음은 얼마나 작(으)냐, 주천강가에서 (목놓아) 쎄게 울지 않고 푸념이더냐

어머니를 아는 체 안 하고 그냥 지나간다. 길가에, 한길 광화문 앞에 어머니가 있을 리 없다. 아는 척하면 큰일날 것 같은 예감이더냐

어머니가 마당을 벗어나 풀을 뽑고 있다 나는 그냥 지나쳤다 아는 척하면 큰일난다.
집 안에 있는 어머니를 못 보게 되었을 때,

자주 광화문 밖에 나간다. 마당 바깥으로 벗어나 풀을 뽑아본다. 하늘에 잿빛 태양, 있는 둥 마는 둥 태양이 내 소관 아니올시다. 어머니가 집 안에서 영영 나타나지 않는다

악랄한 인생

악랄은 惡辣이라고 쓰기도 한다
나쁠 때 쓰는 말
인생이 나쁜, 나쁜 인생에 악랄을 조심스럽게 넣는다
악랄한 인생에 이의를 제기할 사람!
미워해도 소용없다 무슨 소용인가
아버지의 원수가 소용없다.
내려놓아야 한다, 악랄한 인생이다.

억울함에 대하여

억울한 것 중 하나가 난닝구 앞뒤 거꾸로 입는 것을 아는 순간이다. 목이 압박되는 순간임. 안과 밖 뒤집어 입는 것은 덜 억울하다, 그대로 입어도 된다
제일 억울한 것은 아니고, 제일 억울한 것은 작은놈이 학교를 잘못 선택하게 한 일, 억울과 후회가 한배다.
사실 제일 억울할 수 있는 것은 병을 내버려 두어 아주 오래 아프게 산 일일지 모른다. 짐작이다. 내버려 두어 아프게 살았기 망정이지, 아님 인생을 진작 망쳤을 것.
망쳤어도 상관없다. 의사들이 삶의 질이 좋아졌을 텐데 이구동성 갑으로 떠드신다, 동의한다
고통은 허구가 아니다, 요즘 유행처럼 반복해서 들리는 말, 얼마나 고통스러우면 죽여달라고 많이 하나?

억울하지 않은 것 중 하나가 어머니를 기도원에 데려가서는 석 달 후에 집에 모시고 오다가 길에서 돌아가시게 하면서 어머니에게 네가 나를 고려장시켰구나 한마디 들은 것이다. 현명하지 못한 20대여, 억울하지 않은 정도가 아니다. 스피노자 말 중에 뭐 적당한 거 없을까? —억울하지 않고 죽고 싶다고 한 게 벌써 어느 하세월인가,

억울한 일로 시작해 억울하지 않은 일로 마감하게 되었군. 억울하지 않은 억울하지 않게 죽고 싶다 한 게 어느 하세월인가

21세기 허무주의

날숨 하나에 별 하나가 뭉쳐진다. 그리고, 들이쉴 때 별 하나가 자멸한다. 별이 많다 하루 평균 들숨 날숨을 몇 번 할까? 인간의 하루 들숨은 세어볼 만하고 80억 인류의 하루 날숨 합산해볼 만하다.
별이 많고 별이 수없이 죽어간다. 인간은 적다, 인간이 적게 죽어 나가는 것은 아닐 텐데 별보다 한참 적게 죽어 나간다. 모두가 초신성으로 자멸하는 것이 아니다 우리 태양계의 태양이 죽는 방식은 한참 적색거성 한참 백색왜성이다.

작은 죽음은 보이지도 않는다. 우주는 작은 죽음에 관심이 없다. 비자립적 존재 행성군에 우주는 관심이 없다. 비자립적 미성년자 인류에게 털끝만치의 관심도 없다.

우리는 아는 만큼 알다 가는
모르는 것은 모르고 가는,
사실事實 말야, 무얼 모르는지 모르고 가는
비자립적 미성년들야
─마치 모든 걸 알아야 한다는 듯이 말하는군
오만한 별에서 온 오만한 행성
이다. 이다. 이다
─이다밖에 더 되지 않는.

인류 원리

밖이 이상하다. 다시 들어가야겠다. 감옥 수용소 병원 집 학교가 내 집이다. 편안하니까. 불편하니까 편안하니까.

한없이 불편하니까 편한(한) 나라가 내 나라 내 조국 내 집 스위트 홈 홈 고통으로 킁킁거리는 나날들이 내 나날들인 것 같다

복은 참을 수 없는 불안 —죽음으로 서서히 가는 병. 복에 불복한다. 복은 벅차다 불복한다. 감당할 수 없다. 나는 왜 이리 작으냐 수없이 물어도 절벽에 붙어있는 나날들

편안하게 앉아본다. 지구 멸망 시나리오, 영화들 소설들 지구 멸망이 아니라 인류 멸망 시나리오다,
아 인류여. 공룡 멸망 시나리오를. 아 공룡이여. 공룡 멸종 덕분이 인류. 인류 다음에 바퀴벌레. 바퀴벌레 다음이 개코원숭이 다음 차례가 개미 —유프라테스 티그리스 강

가에서 목놓아 울었다.

영화처럼 재생시킬 수 없다고 한다. 재생시킬 수 있으면 정말 와~ 초지능이고 神신이고 과학과 신학의 합작품이다. 잉크물에서 잉크를 걷어내는 것부터 시작하자. 요이 땅이다, 요이 땅, 지구를 바리온 수준으로 해체하여 다시 개미들 놀이터 수준 복구

!

다시 돌아갈 수 없어서 어려운이라고 하자 어려운 어려운 일이다. 다시 돌려도 인류 바퀴벌레 개코원숭이 개미나 거미, 나는 누구인가? 나는 비참하다. 편안할 때 불편하니까. 불편할 때 불편하니까. 새로운 인류 원리라고 명명하자. 인류가 끝이 아니다.

생쥐의 노래

새소리가 비를 뚫고 귀에 들어왔다
비를 뚫고 가라
수없이 많은 죄와 수없이 많은 죄책감 범벅
눈물범벅일 때
그만 여기까지다, 혹시 달라질까 수없이 똑같은 죄
를 짓는다, 아 여기까지, 죄도 여기까지

내 손가락 끝의 전자電子를 떠났다
정치 지형도가 감내하기 버거운 지금
필요한 것은 내 손가락 끝의 전자와 전자를 떠났다고
하는 일.
요구 요청되는 것은 콘센트를 빼라
살아있다는 건 졌다는 것이다
항복했다는 것이다, 21세기 죽은 나무가 나무다
별을 노래하지 않는다, 다시 21세기 시궁창에 있다고 별
을 노래하지 않는다
나는 시궁창에서 살다 끝나련다, 그래 그러렴
피조물의 민주주의는 시궁창의 생쥐를

포함해 포함해 포함해
이쯤에서 다시 시작하련다, 그래
그러렴 그래 그래
비를 뚫고 새소리가 들렸다

주천강酒泉江 태생

얼음이 쩡쩡 갈라지는 소리, 하고 왜 기록하지 못했을까, 그때는 쩡쩡이 의성어의 의성어, 으뜸 의성어, 하고 기록하지 못했을까?
그때는 쩡쩡 얼음장 갈라지는 소리가 나는 겨울 공장에서 나는 산다, 하고 하지 못했을까
얼음 공장 공장장
간장 공장 공장장이다,
성냥 공장 공장장이다,
쩡쩡 공장 공장장이다,
의성어(—의태어)는 대부분 품격 이하, 하고 발음했을까?

상처의 명수

그의 팔과 다리에 이상한 자국들이 많다 온몸이 상처인지도 모른다

뜨거운 난로 가까이에서도 좀처럼 비켜나지 않는다. 급기야 팔과 다리가 연통과 난로 몸통을 스쳤는데도 손으로 스윽 문지르고 만다. 다음날 데인 자국을 보았고 아프지 않냐고 하니까 그제서야 소독 연고를 찾는다; 일부러 스윽 데어본 것이었을까
결혼하고 밖에서 넘어져 피가 많이 흘렀고 아내가 그걸 보고 기겁을 했는데 그는 아무렇지 않게 행동했다
하긴 밖에서 놀다 무르팍이 깨져 돌아왔을 때 어머니가 기함을 했을 때도 무덤덤하게 어머니를 바라보던 그였다
그는 면상 피부가 하얀 편이었고 팔다리 바탕도 그렇게 보여 신체 전부가 하얀 편으로 짐작하게 했다 그는 지나가는 말로 어머니 피부가 유리였다 했다
그는 상처에 무감각한 유형일 *거나*? 그렇지 않고서야 팔다리의 그 많은 상처를 어떻게 설명하나.
그가 몸의 상처를 대수롭지 않게 본다? 몸의 상처를 대수

롭지 않게 여긴다? 신외무물身外無物이라는 말도 있는데?
그는 위험한 일에 적임자라는 생각을 하게 했다 여태까지 살아 있다, 그는
(죽음의 명수) 월남전 수색대 출신이 이웃에 사는데 그 얼굴은 깨끗한 편이었다 많이 죽었다고 했다 앞에서 옆에서 동료들이 베트콩이 죽어 나갔다고 했다 죽음이 뭔지 느낄 겨를이 없었고 다만 악만 있었다고 했다 그때 눈은 살기로 반질반질했으며 장교들도 건드리지 못했다고 했다

그의 눈에는 살기가 없었다 누구에게도 지나칠 정도로 공손했다.
나중에 든 생각이지만 그는 자신自身을 해치는데 전념하지 않았을까 그가 자신을 해치는 데 전념했다고 생각했다 요즘 하는 생각. 마음에 상처가 있었고 이것이 그를 신체의 상처에 무감각하게 했다는 가설이다
이미 상처에 면역된 자니까 그는 핏물 상처 통증에도 무감각할 수 있지 않았을까? 내부는 확인할 수 없지만, 팔다

리는 확인할 수 있다

팔다리에 상처 자국이 분명한 그, 그 몸통을 보고 싶기도 하다가도 부질없는 일이라 생각했다. 팔다리의 상처가 이미 몸통의 상처를 증명한다. 마음의 상처 또한 증명한다, 추론이다.

그가 아무튼 상처에 둔감한 것은 사실이다, 몸의 상처를 대수롭지 않게 생각한다. 일반적인 통증을 대수롭지 않게 넘어간다. 상처의 명수가 죽음의 명수가 되는 것?은 아닐 텐데 죽음의 명수가 되려 한 건가.

개죽음이 죽음

포수가 새 한 마리를 향해 방아쇠를 당겼고 새가 떨어졌다고 치자. 새를 죽이려고 했을까 새를 구워 먹자 했을까? 분명하지 않다 개 같은 죽음은 분명하다
구워 먹는 모습을 보거나 했나 가서 새 한 마리를 확인하기나 했나? 고양잇과의 꾼들은 사실대로 먹을 것이다. 고양이들이라고 개죽음이 아니지 않은 건 아니지 않다. 집 나간 고양이들은 대부분 3개월 만가輓歌라고 들었다

꿩이었을지 모른다. 꿩 여러 마리 잡아 두꺼운 혁대에 차고, 엽총을 어깨에 메고, 의기양양하게 느긋하게 걸어오는 뒷집 사는 포수를 본 적이 있다. 이층 하얀 집을 얼마 전에 보러 갔는데 흉가였다. 개 같은 죽음을 죽었겠지 죽음은 뭐가 아니다.

불분명하다 새를 먹었는지 안 먹었는지. 포수가 새를 향해 방아쇠를 당기고 새가 떨어졌을 때 상황은 종료됐으나 새가 얼마 동안 살고 얼마 동안 죽었는지. 개죽음의 새 한 마리, 개죽음 죽을 고양잇과科, 개죽음 죽을 포수과,

목숨이 붙어있었을 때가 목숨이 떨어질 때가 불분명하다만, 개죽음이 포수인생이고 고양이생이고 새생生이다. 개죽음이 무슨 뜻야? 개죽음이지 싶다. 죽음이 개죽음이지 싶다. 죽음이 무어냐

백작이라는 이름의 고양이에게 2023 02 19

백작 이름의 고양이가 예외를 안 만들고 나를 떠났다
한 번은 현관과 중문 사이에 어미 쥐 하나를 놓고
한 번은 스티로폼 상자 안에 같은 어미 쥐 하나를 놓고
한 번은 내 신발에 같은 어미 쥐 하나를 넣고
한 번은 그의 놀이 상자에 같은 어미 쥐를 놓고

그때마다 나는 쥐를 거기에 놓지 말고 뒤란에 두라! 소리 질렀다
그의 고백이었는데, 매번 최후의 고백 같은 것이었는데
매번 내친 것으로 보인다.

백작은 떠났다. 한 번도 마당을 벗어나지 않았던 백작.
위로 아래로 찾으러 다녔으나 소용없는 일이라는 자각이 왔다.
오히려 그를 위해 좋은 일이라고, 아마도 다행일 것이라고, 간절한 마음이 일어났다.
나도 떠날 것이다, 처를 두고, 자식 두고 어느 밤중에 떠날 것이다. 박두진 선생의 도봉道峰이란 시를 생각한다. 괴테도 산새 소리가 힘드는 날이 올 것이라 썼다.
예외 없이 백작이 떠난 날 현관과 중문 사이에서 백작을 생각한다.

주천강로 비가

비가 강물 소리에 묻혀 사라진다네 비가 내린다네. 하루 종일 쓸모없는 곳에 내린다네 강물 소리에 묻혀 사라진다네. 비가 콸콸 쏟아져 사라져 강물 소리에 묻혀 사라져 쓸모없는 곳에 내리는 비는
빗소리가 강물 소리에 묻혀 사라질 때까지 하루종일 내린다네. 새벽비 저녁비 한낮의 비 몽땅 사라져 돌아오지 않는 강을 이룬다네. 쓸모없는 곳에 내리는 비는
돌아오지 않는 강을 이룬다네. 흐르는 비가 강물 속 비가 돌아오지 않는 강을 이룬다네 평소 좋아하는 비가 내린다네 강물 소리에 묻혀 사라진다네

「님의 침묵」 풍風으로

나는 그에 대해서 아무것도 할 수 없고
봄날의 땅속 풀잎에게, 하늘 속 흰구름에도
당신에게도 어쩔 수 없는

나는 나에게도 아무것도 할 수 없다고 생각하기에 이르렀
습니다

어쩔 수 없고
당신의 마음을 돌이키게 할 수 없고
정치의 마음들을 돌이키게 할 수 없고
거기에 나까지 포함시켜야 한다는 생각을 했습니다

어쩔 수 없는 나도 무한성인가요? 당신이 무한성이듯이,
정치들의 마음이 무한성이듯이

여기까지 오기까지 걸린 시간과 공간들에 대해 생각이 미
치면 그러나 나는 다시 어쩔 수 있는 내가 됩니다
나에 대해 분노합니다

나에 대해 슬퍼서 어쩔 줄 모릅니다
공간과 시간에 침을 뱉습니다
(나는 계속 바꿀 수 있는 나로 생각 중입니다)

어쩔 수 없는 나는 기약 없습니다. 바꿀 수 없는 나는 멀었습니다
어쩔 수 없는 당신인 줄
당신에게 나도 어쩔 수 없는 당신이기를 바랐으나
나는 어쩔 수 없는 나가 아닙니다
분노하는 나
슬퍼하는 나
어쩔 수 없는 내가 되기를 바랐으나, 어쩔 수 없는 나이니, 나에 대해서 분노하지 않기를 슬퍼하지 않기를
가만 내버려 두자고 원했으나

여전히 나는 나를 바꾸지 못해 분노합니다
바꾸지 못하는 나를 몹시 슬퍼합니다.

2부

집을 위하여

집을 위하여

올라가는 두 계단이 사라졌다. 두 계단이 한목에 같이 찢어져나간 듯 찢어진 자국이 선명하다. 누구인가 계단 둘을 종이 찢듯 한목에 뜯어낸 자는. 올라가는 계단이 없고 내려가는 계단이 없다 말하려는 듯하다. 점프해서 올라가! 점프해서 내려와!

매번 들어가기가 쉽지 않고 나가기가 쉽지 않다. 들어가서 나오지 않는 방법과 아예 들어가지 않는 방법, 들어가서 되도록 나오지 않는 방식이 되기로 했다. 간신히 지은 움막, 내 새 집이다. 몰락이라도 여기서 몰락이다.

지리산 토굴로, 점봉산 움막으로 후퇴할 수 없다. 능함이 안 되는 인생이 인생이 돼 버린 인생, 여기가 지리산 피아골이고 여기가 점봉산 설피밭이다. 집이 져졌다. 집을 다 지으면 맨 처음 오는 것이 물체가 흐릿해지는 일이다. 계단이 막히는 일 아닌가?

첨성대의 발달

자신을 감당할 길 없어요 시체가
툭툭
시체 위에 시체가 툭툭

시체가 툭툭
원통 가운데를 지나 시체가 툭툭
항아리처럼 부풀어 올라
시체가 툭툭
하늘을 감당할 수가 없어요

시체가 툭툭 시체 위에 시체가 툭툭
얼굴 붉히게 하는 표현表現
시체가 툭툭

아침부터 한밤중까지 하늘을 감당할 수 없어요
시체가 툭툭
얼굴 붉히게 하는 표현

시체가 툭툭
시체 위에 시체가 툭툭
존재가 투두둑,
자신自身을 감당할 수 없어요

가재가 툭툭
가재 위에 가재가 툭툭

모래사장 수정

바닷가, 모두모두 비슷한 유명한 바닷가 해수욕장
모두모두 비슷한 태양, 그리고 바람기 비둘기 같은
비를 피해서 모두 들어간다. 모두
바닷속만 빼고 만원이다.
모두 모두 비슷한 운명을 타고났다.
바닷가 모래사장에서 인류를 본다
비슷비슷한 모래처럼 살아있다가 비슷비슷한 모래처럼
그을리다가 바닷속으로 들어가는 인류 사장

모래사장 그림에서 태어나, 젖은 채로 작별하는
유명한 인류를 본다.
바닷가, 모두모두 비슷한 바닷가 해수욕장,
명년에도 가리라, 명년 비슷비슷한 바닷가
명년 모래사장 만져보리라.
푹푹 걸어보리. 유명한
유명한 바닷물을 끼얹어보리

유명幽冥을 달라 하리.

대륙붕을 기어 다니는 거북이가 되리,
했던 청년을 기억한다.
밤하늘에 떠있는 수많은 별들을 기억하라 했던 스티븐슨
을 기억한다

천안삼거리

나는 알 수 없다:
어머니는 비극의 정점에 계셨다. 집에서 운명하시려 했으나 그러질 못하셨다. 혼신의 힘을 다해 네가 날 고려장시키는구나 말씀하셨다. 어머니의 그다음은 무엇이었을까? 나는 어머니를 고려장시켰다. —전주기도원-대구기도원-용산기도원을 두 차례 다니면서 이미 경지에 도달하시지 않았을까?

나는 알 수 없다:
기다리던 동생同生들과 아버지의 슬픔을 위해서 그 말을 하셨을 거다. 큰아들이 고려장시켜서 그런 거라고, 큰아들에 분노해야 한다고. 어머니는 비극의 대단원에 계셨다.

텔레비전-불

검은 옷자락 펄럭이며 가는 아이들, 여자. —반대편에 도달하기 위해 바다를 건너야 한다네.
아침별과 저녁별 사이 어디쯤에서 몰락이 올 것인가 저녁별과 아침별 사이에 몰락이 올 것인가?

욕 속에서 잠이 들자마자 바람이 문을 열었고, 문이 바람을 열었고 나를 보고 그냥 나갔다. 내가 그 자리에 없었다. 검은 옷자락 펄럭이며 가는 아이들, 여자가 없었다.

방 가운데 불이 환하게 꺼져 있다. 불 밑에 이부자리가 있고 이부자리 위에 벌떡 일어난 내가 있다. 검은 옷자락 펄럭이며 가는 아이들과 여자가 있다.

왼쪽으로 걷다가 오른쪽으로 걷는다. 오른쪽으로 걷다가 왼쪽으로 걷는다.

무슨 소용인가? 관망觀望의 세계시민은 가능해도 현실의 세계시민은 불가능하다.

무슨 소용인가? 검은 옷자락 나부끼며 가는 여자들, 아이들. 반대편 국가國家로 가기 위해 기차를 타야 한다.

닫힌 기차와 기차 문을 멍하니 바라보고 있다. 떠나는 기차와 닫힌 기차 문 바라보고 멍하니 있다. 검은 옷자락 펄럭이는 아이들과 여자

텔레비전-불 끄지 못하는 이유 관망의 세계시민. 아침별과 저녁별 사이 어디쯤에서 몰락이 올 것인가? 저녁별과 아침별 사이에 몰락이 올 것인가?

예수님

세상을 구원하기 위해서는 십자가형이 너무 약하다. 우리 전부의 죄를 대속하기에는 십자가형이 너무 약한 것이 아닌가? 가장 나쁜 나무가 십자가 나무라고 한 것이 그래서인가 하느님의 아들이면 더 큰 것을 기대해야 하지 않을까? 더 크게 죽으셔야 하지 않을까

죄가 없었다는 것. '죄 없는 자' 막달라 마리아를 돌로 치라 하셨지만, 본인은 죄가 없었다는 것.

십자가보다 더 큰 죽음은 없으셨나? 세상을 이기시고 공중을 이기시고 병을 고치신 하나님 크네. 더 크게 돌아가셔야 했네

죽을 때 하는 말

죽을 때 하는 말이 죽음을 복사하는 것이라 해도 죽음 자체라거나 모범답안을 말하는 것은 아니다 거대한 절벽에 부딪친 에코 같은 것 모래사장에 새겨지는 글씨다 삶은 요약되지 않는다 저마다의 가래 기침 같은 것, 죽을 때 하는 말이다

자발적 죽음이 죽음을 복사하지 않고 삶을 복사한다. 무상한 삶이 아니라 죽음을 무상하게 한다; 죽음을 무상하게 하는 자발적 죽음이 아쉽다. 죽음에 집중하는 죽음이 있고 삶에 집중하는 죽음이 있다 죽을 때 하는 말이 다르다. '잘 살았다' 전해주시오, 가령

가장 중요한 죽음을 죽이자

죽음을 생각하자 먼저 죽음에 집중하고 다음을 기약한다. 중요한 죽음이 있다 중요한 죽음만 죽이면 나머지 죽음은 거저다; 가장 중요한 죽음에 죽음 아닌 것들이 추풍낙엽이다. 모가지나 동기능부전이 추풍낙엽이다.

죽음은 왜 존재하는가 왜 차라리 무가 아닌가? 묻기보다 어떻게 생긴 건가 물으려 하자, 어떻게 죽을 것인가 묻는 게 낫다.

병중에 걸려 기다릴 것인가 아파트 창문을 열고 뛸 것인가? 묻는 게 낫다. 속수무책 당할 것인가 묘수를 찾을 것인가? 오래 살자고 하는데, 무슨 뜻이오 어떻게 사는 것이오

잡념이 사라졌다 발 딛는 것마다 지뢰밭인 나날들. 취약한 체질엔 죽음이 명약이다. 묘수가 없다. 모두 스트레스인 자는 죽음에 집중하는 것이 최고最高다.

먼저 나의 죽음에 집중한 후 다음을 기약하자. 가장 중요한 죽음을 죽인 후[죽이면] 기왕의 죽음들은 거저다

뵈멘의 농부 말이다

관심병 환자를 관심종자 줄여서 관종이라고(들) 하는데 1917의 마르셀 뒤샹이 그랬고 1952의 존 케이지가 그랬고 지금이라면 뒤샹은 미켈란젤로의 다비드와 남성용 소변기를 어쩌구저쩌구 합쳤을지도 모르고 케이지는 신삥 피아니스트 대신 베토벤 5번을 4분 33초 동안 어쩌구저쩌구 가만히 앉아 있게 했을지 모르고.

어쨌든 관종의 예술사藝術史. 관심병 환자의 총합, 초짜 대통령들이 벌이는 한바탕 굿에 초짜 민초들이 양쪽에서 벌이는 한바탕 굿.

반대를 위해 굿하지, 반대할 자유를 위해 굿하지 않으니 관종이 아닐 리 없다. 태어났으니 어쩔 수 없고 차선책이 있으니 어련히 죽지 않을라구! 태어나자마자 죽기에 충분히 늙은 뵈멘의 농군 말이다.

무제無題

쓸모없는 얘기를 못 하면 그게 어찌 인간이냐, 쓸모없는 얘기 S-c-h-m-u-s-e-n 할 줄 알아 인간이지. 늙은 아비어미가 서로 알아듣지 못하는 말로 하루를 보내기 때문입니다.

쓸모없는 말로 하루를 보내고, 쓸모없는 말로 시詩를 채우는 인간입니다. 쓸모없는 詩를 물 쓰듯이 쓰십시다. 아무 것도 안 되는 詩를 돈 쓰듯이 쓰십시다. 의미로 한몫하지 말고, 무의미로 한몫하지 말고, 쓸모없음을 실천하는 인간!이고,

쓸모없음의 쓸모없음을 믿는 인간!입니다. 믿습니다, 쓸모없음을 실천하는 인간을 믿습니다. 쓸모없는 말이지만 쓸모없는 말이 하루하루를 구원하네요. 쓸모없는 말로 하루를 구원하니까 하루가 가요 인생이 가요, 장한! 일 아니네요.

3부

만원이 인생인 인생

몰래가 인생인 인생

몰래 밥 먹느라 수고 많았소. 몰래 살다 살다 몰래 사느라 수고 많았어요. 몰래 죽느라 수고 많으셨어요. 몰래 살지 않으려는 꿈은 이루어지지 않는 꿈. 몰래 걷고 몰래 글 쓰고 몰래 숨 쉬고 아무튼 수고하셨습니다. 수고 많으셨습니다.

만원이 인생인 인생

일어날 일이 다 일어났다. 바람이 남김없이 불어 낙엽이 낙엽이 되었다 바람은 남김없이 불어 쓰레기통은 만원이 되었다. 더 와도 만원이고 덜 와도 만원이다

요구르트통 커피통 맥주통, 통통들이 공장에서 만원이고 편의점 구멍가게 슈퍼마켓 하이마트 아마존에서 만원이고 냉장고에서 만원이고 더 와도 만원이고 덜 와도 만원이다

늦가을 낙엽이 만원이다. 바람이 만원이다. 일어난 일이 만원이다. 더 일어나도 만원이고 덜 일어나도 만원이다. 뉴스가 만원이고 도널드 트럼프가 만원이고 (새로운 뉴스라니) 새로운 뉴스가 만원이다.

죽어도 만원이고 더 죽어도 만원이고 덜 죽어도 만원이고 컨테이너가 만원이고 대서양과 태평양이 만원이다. 공동묘지가 만원인 날, 별자리가 만원이고 더 와도 만원이고 덜 와도 만원이다.

예술이 더 와도 만원이고 덜 와도 만원이다. 예술의 종말이 만원이다. 밝혀지지 않은 것이 많다, 모두 예술가가 될 때까지. 만원이다. 더 와도 만원이고 덜 와도 만원인 예술

일어날 일이 일어났다 단풍 낙엽을 쓰는 사람이 만원이다. 은행나무 노란 은행잎을 쓸어 담는 사람, 마대 자루가 만원이다. 가을 햇볕을 쬐는 사람 더 와도 만원 덜 와도 만원이다. 죽어도 만원이다.

소관이 아닌 인생

버스가 내 소관이 아니다. 지하철을 빨리 오게 하지 못한다. 방금 떠난 지하철을 다시 오게 못한다. 버스를 사당역까지 총탄처럼 달리게 못한다. 오늘 새벽 주로 버스와 지하철에 관해서이다.

깊게 숨을 들이마시세요. 숨을 멈추세요. CT의 명령 (듣지 않지 못하고) 숨을 들이마시지 않지 못하고 숨을 참지 않지 못한다. CT와 엑스레이를 어쩌지 못하고, 왼쪽 폐 하단에 나쁘지 않은 종양이 발견되었으니 3개월 후에 오라는 말을 꼼짝 않고 듣는다. 담낭

에 폴립 몇 개가 발견되었으니 적어도 1년에 한 번 초음파 검사하라는 말을 꼼짝 않고 듣는다, 내 소관이 아닌 인생이 인생인 인생.

호주머니에서 사라진 내 것인 볼펜, 모든 주머니를 뒤져도 안 나오는 황사 마스크, 쩔쩔매는 나를 본다. 빨강 신호등으로 바뀌기 전에 절뚝절뚝 무섭게 달려가는 나를 물

끄러미 본다. 가슴 졸이고 사는, 북한어로 애숭이라는 애송이를 본다, 소란이 아닌 인생.

불만인 지 오래됐다. 내 것이 아닌 것을 내 것으로 생각한 지 오래, 지옥은 자신自身이다. 예술의 종말을 오늘 끝내야 한다, 엄습하는 불안. 그냥 넘어가는 것이 없다, 불만이 인생인 인생

소란이 인생인 인생. 멈추어라, 됐다. (멈추어라 평생아, 아름답지 않다) 천안급행 지하철 들어오는 소리다. 두 계단 뛰다가 무릎 반달 상을 다친다, 내 소관이 아닌 인생. 숨은 꽃을 모른다, 독수리까지 지쳤다.

잘못이 인생인 인생

절대로 후회하지 않을 삶을 사는 게 문제가 아니다: 후회하지 않을 삶을 살자구? 피곤하다. 피곤해. 어떻게 사는 것이 절대로 후회하지 않을 삶을 사는 것인데? 실수하지 말자구? 최선을 다하자구? 어떻게 하는 것이 최선을 다하는 건데? 그렇게 살지 말어. 전전긍긍하며 살지 말어. 똑-똑 노크하고 우리가 이 세상에 들어왔나? 어느새 세상인 거지, 생략된 게 많은 거지. 혹은, 세월은 저만치 지나갔고. 망녈이 절絶한 인생! 대부분 내 잘못이 인생인 인생, 쓰레기! 거짓부렁이!

후회 안 하기를 격률로 사는 게 어때? 후회 안 하기가 격률인 삶. 다시 태어나더라도?! 여태까지의 삶 똑같이. 그대로 쓰레기! 거짓부렁이 인생 되풀이해서 살아주겠다 똑같이 쓰레기 거짓부렁이!로 살겠다. 공정公正하려면 쓰레기 인생 긍정해야지 거짓부렁이 인생 긍정해야지 달콤하게 긍정하는 거야, 쓰레기를—달콤하게 긍정하는 거야, 거짓부렁이를. 쓰레기가 떠가는 게 보인다 거짓부렁이 떠나가는 게 보인다. 실인즉, 쓰레기 인생 달콤하다고 붙잡고 있으면 뭐 해? 실인즉, 거짓부렁이 인생 달콤하다고 붙잡고 있으면 뭐 해? 단물 힘껏 빨아먹었으니까 이제 가라고. 이제 가자고; 현지점에서 단물 빨아먹자. 계속 쓰레기! 인생 걸릴지 알아—계속 거짓부렁이 인생 걸릴지 알아? 현재에서 단물 빨아먹자:

또 거짓부렁이 인생이니까 또 거짓부렁이 인생. 또 사기꾼 인생이니까 또 사기꾼 인생, 얼마나 달콤한가 현지에 집중하는 삶 살어. 현재에 충만!한 삶 살어; 꼭 뭐 거짓부렁이 인생이어야만 하나? 거짓부렁이 인생만 오겠나? 사기꾼 인생이어야만 하나? 사기꾼 인생만 오겠나? 어느 것이든 와라.

쓰레기로 계속 살아주겠어—거짓부렁이로 계속 살아주겠어,

잘못이 인생인 인생. 잘못이 인생인 인생을 살 것을 요청한다, 이렇게 말하는 게 낫다. 요청한다고, 잘못이 인생 아닌 인생 되는 건 아니고; 몰락이 인생인 인생. 몰락이 인생인 인생을 살 것을 요청한다, 이렇게 말하는 게 낫다. 요청한다고, 몰락이 인생이 아닌 인생 되는 게 아니고.

김춘수

수리산修理山 쓰러진 거목이 흙으로 변하는 것처럼 직립 원인들이 흙으로 변한 것처럼 쓰러진 내가 흙으로 변한 것처럼 우리는 모두 무엇이 되고 싶다 잊혀지지 않는 기억이 되고 싶다.

무명無明

약하지만 악하다. 약한 것과 악한 것이
서로 다른 것만은 아니다. 악하다고 약하지 않지 않은 것들
약하다고 악하지 않지 않은 것을 보니 말이다.
악한데 약한 경우보다 약한데 악한 경우가 만연하다;
약한 것이 인생을 끌고 간다.
약한데 악한 자가(혹은 것이) 인생을 질질 끌고 간다.
약한데 악한 자기 인생을 질질 끌고 간다;
눈이 가벼운 것만은 아니다. 맞는 말이다.
가벼운 것이 역사를 끌고 간다.
가벼운데 무거운 것이 역사를 질질 끌고 갔다.

부디 행복하시오

행복은 나 때문에 그대가 행복할 것을 포함합니다 행복은 그리고 누군지 몰라도 그 누구 때문에 그대가 행복할 것을 포함합니다. 그대 누군가에게 가서 누군가의 손을 잡아주고, 누군가가 아플 때 누군가를 정말 아파해주고, 누군가가 세상 떠날 때 누군가의 옆에 있어주고, 무엇보다도 무엇보다도, 그대가 세상 떠날 때 누군가가 온 힘을 다해 그대 옆에서 그대 손을 잡아준다면! 그대 혼자이게 하지 않는다면; 아 그대가 행복하다면 그와 함께 행복하다면! 그것이 나의 행복이외다

그대가 행복하기를 빌겠소!라고 말할 때 나는 거기에 없소 나는 그대를 행복하게 하지 못하오 나는 왜 그대를 행복하게 못 하는 자者인지……. 나는 그대를 행복하게 하지 못하기에 누군가가 그대를 행복하게 하기를 바라는, 아니 누군가와 그대가 같이 행복하기를 바라는 간절한 마음으로 말하오

그대가 나를 떠나는 것보다, 아픔의 아픔일 줄 모르는 나의 아픔보다, 그대의 행복이 먼저라는 것 최선이 그대의 행복을 비는 마음이라는 것. 부디 행복하시오, 부디 진정한 사랑 만나셔서. 진정한 사랑 나누셔서; 나 어디에 있더라도 그대의 행복 안 잊을 거외다 행복에 행복을 더하는 행복을 달라고 기도에 기도를 드릴 거외다

어디에 계시던지 행복하시오. 그대가 떠날 때 흘린 비통한 눈물보다 더 큰 비통의 눈물 흘리게 하지 부디 마시오. 비통의 눈물로 하늘 적시게 하지 부디 마시오. 당신의 행복을 바라는 간구가 하늘을 움직이게 할 거면 어떻게 해야 하늘을 움직이게 할 수 있을까? 나의 마음을 절대 그대가 아닌, 하늘이 알아 그대를 행복하게 하기를, 아 그대를 행복하게 해 주시기를……. 사랑하는 기쁨으로 사랑받는 기쁨으로 더없이 행복하시기를.

신파조

전나무가 쓰러져 나를 덮쳐도 이익이다
바윗돌이 굴러 내려와 깔아뭉개도 이익이 남고 맹시盲視.
태풍에 날아가 주천강에 내다 팽개쳐도 이자가 차고 넘친다
너울이 덮어씌 대서양 한가운데 수장시켜도 나를 놀려먹다
아직 멀었다
복병이 드디어 나타나 장총으로 이마를 쏴도 싸다. 싸고도
남다
나는 괜찮아 괜찮아 다 괜찮고 맹시盲視
그대 눈물 같은 없으면야 없으면야

최종단계에 대하여

앞에 중풍환자와 중풍환자를 부축하는 두 사람이 걸어간다. 따라잡아야 할까 천천히 걸어야 할까?
비가 오고 있다; 우산을 쓰고 있다

비가 그치고 있다 두 사람 중 하나가 우산을 벗는다; 비가 그쳤다 또 한 사람도 우산을 벗는다 우산을 벗을까 말까

우습다 할지 모르나(혹은 우스울지 모르나) 진화의 정점이 아닐까 생각한다; 문명의 마지막이라고 생각한다

중풍환자를 따라잡을까 따라잡을까 고민하는 것 우산을 따라서 접을까 말까 고민하는 것. 따라잡지 못하는 것 비가 그쳐도 우산을 접지 못하는 것이 이상하지 않다는 것 이상한 사람들이 아니라는 것.

(제목은 아래에)

너무 억울할 필요가 없다. 천재적이었지만 지방의 목수 일을 하느라 마차를 증기기관으로, 증기기관을 내연기관으로, 내연기관을 전기기관으로 하지 못했다. 이렇게 해도 저렇게 해도 지방의 목수였다. 그나마 했으니까 개량한 마차를 만들었다.

(내가) 말하려는 것은 개구멍이 없었고, 구멍이 있더라도 안팎에서 구멍을 막았다는 거다. (옛날이 좋다!) 이렇게 해도 저렇게 안 됐다는 거다; 알면서 죽었다는 것이 크다. (알면서 죽지 않는/은 천재적 목수가 있을까) 답을 알면서도 어쩌지 못한 인생. 억울해할 필요가 없다고 했으나, 참으로 억울한 지방의 목수들이다.

그나마 요즘 시인들은 낫다. 우리 지방적 시인들은 낫다. 이렇게도 답을 모르고 저렇게도 답을 모르니 참말로 억울하지는 않다. 분통이 터져 죽지 않으니 좋다. 그게 전부인 줄 알거나 아무것도 몰라도 되거나 시인은 덜 억울해서 좋다―덜 억울한 시인이 좋다. 내연기관이 뭐야 연료전지가 뭐야? 기후의 쌍스러움이 뭐야?

덜 억울해서 좋다―억울해서 죽지 않아 좋다

반월저수지

거룻배는 뭍으로 올라와 그 자태를 뽐냈다. 최초의 거룻배를 담은 아름다운 저녁 저수지. (물가에) 물레옥잠이 몰려와 호숫가를 찡그리게 했다, 노오란 단단한 열매들의 최초.

저것 보아! 커다란 붕어의 훼손된 옆구리. 저수지에 한참 앉아 있거나 저수지 둘레를 한참 돌아다니거나 왜 저수지에 나가보라고 했을까?

가끔 저수지를 둘러보라고 한 선생님. 떠밀려온 물레옥잠들, 물레옥잠을 걷어내는 어부들, 옆구리가 훼손된 붕어들(을 지나갔다.)

묘목을 심는 마을 사람들의 떼창. 내가 기록하는 요체는 쓸쓸함을 넘어간다. 내가 부레옥잠이고, 내가 뭍에 올라간 거룻배이고, 내가 옆구리가 터진 붕어이고. 그 밖 그날 오후 저수지를 설명하기 힘들다.

더 있다. 비슷한 시편詩篇 하나가 합류했구나, 텍스트들 (의 우주)에 두레옥잠이 뽐냈고, 옆구리가 터진 붕어 한 마리가, 낡은 거룻배가 뽐냈다.

내 얼굴 그동안 감사합니다

어느 날 울다 일어나 보니 하늘이 파랗게 보이더라 내가 없더라 어느 날
일어나 보니 내가 없더라 평범한 138억 년이 후다닥 지나간 것처럼 거기에 합류했더라 평범한
100억 년쯤 흘러가고 나면 또 수數가 있겠지. 양量이거나 數이거나 數量이라고 했겠지 자주
울어야겠다 평범한 울음소리에 평범한 하느님이 감읍感泣하신 줄 안다
어느 날 아침 파란 하늘이면 내가 없는 줄 아시라 내게 오랜만에 부탁했다 평범한 일요일 평범한 토요일
처럼 기다리지 않아도 어느 날 월요일이더라고 일요일이더라고…….
말했다 평범하게 왔다 평범하게 왔다가는 수많은 나날들처럼 평범한 나날들이었다 어느 날 일어나 보니 얼굴이 없어도 놀라지 않는다. 평범한 두려움에 합류했다 평범한 기적들 그동안 감사합니다.

(제목은 아래에)

저런 사람도 있는데 뭘. 저런 인간도 있는데 뭘. 살 만하다는 거다 견딜 만하다는 거다. 저런 사람은 불행不幸의 절정을 달리는 사람. 저런 인간은 태어난 게 불법 ＿태어나서도 불법의 절정을 사는 인간들
너무 일찍 죽은 사람은 사람이다, 너무 일찍 죽은 사람 ＿ 어린 친구親舊들, 결혼하고 나서 곧장 죽은 그 사람을 자주 생각한다. 아프다 그 사람만큼은 아니지만 아프다. 피곤이 가득 밀려온다.

절대적 동고同苦는 불가능하다. 친한 친구의 '친한' 빼버리고 곧장 죽은 그 사람 빼버리고 그냥 친구=사람 생각할 때가 대부분. 무슨 탓인가? 곧장 죽은 그 사람 생각날 때 나는 아직 견딜 만하지 않는가 살 만하지 않는가? 동고에 의해 인생이 살 만하고 견딜 만하기보다 타자他者의 불행에 의해 인생을 살 만하고 견딜 만하게 느끼는 것이 일반적一般的.

햇볕이 참 좋은 날. 詩人시인들 말하기를 외출하고 싶어 환장한 날씨인 날. 외출해서 햇볕을 쬐며 행복을 느끼기보다 타인他人의 불행과 악수하거나 타인의 불행이 떠오르는 것이 일반적이다. 타자他者의 불행에 이나 저나 취약해 취약한 vul-ner-a-ble 세계이다. 타자의 불행을 감상한다. 바깥에서 인류 불행을 마주치기가 쉽다.

일찍 돌아가신 어머니도 복잡하다. 살아있다고 살은 게 아니다 데굴데굴 구르다가도 (그만 가고 싶다가도) 어머니가 저랬는데, 저렇게 아프다가, 남으려고 안간힘 쓰시다 가셨는데, 나는 어머니 나이를 한참 넘었네. 어머니보다 나은 경우 아니나. 이대로 가도 된다. 어머니보다 손해 나지 않은 인생 손해 나지 않은 사망. 살 만하다 견딜 만하다 생각한다. [손해 나지 않게 사는 것이 대세이다]
불법인가 태중胎中에 태어나서 불법인 인간이고, 거꾸로 나와서 불법인 인간이고, 살아서 不法을 저지르는 인간들인 인간. 저런 인간이 다 있어 저런 인간이고,

견딜 만하고 살 만한 인간

무제

다시: 한 번 더, 아니 영원히 되풀이해서 똑같은 삶을 살아주겠다고 요구하는 것은, 그러니까 개털 같은 삶, 개똥 같은 삶, 비참함의 극치가 한 번 더. 아니 영원히 되풀이해 줄 것을 요구하는 것은 과거에 대한 무한한 긍정이다. 일반적인 생로병사의 미스터리, 잔혹성에 대한 긍정이다. 개털 같은 삶, 개똥 같은 삶. 비참함의 극치를 달렸다고 그것에 대해 고통스러워 안 하는 것이다. 벽을 치고 괴로워 안 하는 것이다. 후회 안 하는 것이다. 방바닥을 구르며 고통스러워 안 하는 것이다. 지난날에 대한 전면적 긍정은 그러므로 과거에 대한 망각을 포함한다. 지금 여기에 충만한 삶을 살 것을 포함한다. 지금 여기에 충만한 삶을 살 것을 요청한다.

4부
자본 사거리

이 시의 제목은 캐피탈 자본주의다

누가 누구에게 돌을 던지나.
작은 도둑들이 큰 도둑에게 돌을 던진다.
모두 작은 도둑들이다.
간혹 큰 도둑이 있는데 큰 도둑을 보고 기뻐한다.
같은 도둑은 같은 도둑을 싫어해야 하는데 큰 도둑의 세계에선 안 그러하다.
큰 도둑이 큰 도둑을 보고 저 만난 것처럼 싫어하지 않고
(많이 먹었기 때문이다)
찬양하고 설레어한다

외롭지 않다,
큰 도둑님의 말이다.
잔챙이 도둑들이 의병 궐기하듯 큰 도둑질을 저주하고
(덜 먹었기 때문이다) 욕을 퍼붓는다
모두 잔챙이 도둑들이다.

몇몇은 빼고 잔챙이 도둑들이 득실득실한 세상이다.

큰 도둑들 봐라, 얼마나 대범하고 의젓한가.
큰 도둑들끼리는 기뻐하는가.

잔챙이 도둑들이 득실득실한 세상
잔챙이 도둑들이 큰 도둑에게 돌을 던진다.

가슴 압박감이 온 이유다
전신 무력감이 온 이유다

그리스

가고 있는 시계 안 가고 있는 시계
—별 뜻 없다. 뜻은 무슨 뜻. 뜻이 없는 게 뜻이라면
안 가고 있는 시계가 많다—맞다.
식당의 저 시계도 안 간다.
아버지의 벽시계도 안 간다,
오랜만에 가게 한다
가고 오는 사람들 —오고 가는 사람들
처럼 시계가 간다.
시계가 안 간다
시계 길이를 잣는 운명의 여신①
시계 길이를 정하는 운명의 여신②
시계를 끊는 여신③
초월적 정의正義가 시곈가
뜻이 없는 게 시곈가

2019~2022

나는 역병을 거쳐 다시 태어난다.
궁금하다 궁금해서
가슴이 뛴다, 무기물의 세력이라 하더라도 구성비가 다르고 모습 또한 다르지 않겠는가.
유기물의 세력勢力이라 하더라도, '인류-1=소멸消滅'이라 하더라도, '죽는 거=우주-1'이라 하더라도
우주에 변동이 있지 않겠나? 유기물의 구성비를 넘어 민족국가에 변동이 있지 않겠나?
가슴이 뛴다 뛴다
설레인다 하니까 (유재봉
) 선생이 무슨 뜻이냐고 물었다
첫사랑 같은 거 아니겠어? (라고 대답했다.)
첫사랑처럼, 죽는 것이 설레인다 두근두근거린다 뛴다
아 역병을 거쳐 다시 태어난다.
모든 무기물 유기물 공간 시간이 미세하게 뒤틀리고

나는 비로소 인류가 된다. 소멸의 인류를 거쳐 인류가 된다. 우주가 된다 —다시 명랑해질 가능성

명랑해지고 싶은데 마침 역병이 왔다.

추고追告: 발터 샤이델은 그동안 불평등을 개선한 것은 (소득세 등이 아니라) 역병, 전쟁, 혁명, 그리고 국가붕괴라고 했다. 네 마리의 흑기사라고 했다.

공설운동장

검정 볼펜과 빨간 사인펜이 떨어져 있다.
주워서 가방에 넣었다.
페트병이 여기저기 널려 있다. 큰 페트병, 제로 페트병, 우그러진 페트병.
까치 두 마리가 젖어서 걸어가고 있다.

주워서 가방에 넣었다.
비가 올 때는 오른손으로 들고 비가 안 올 때에는 왼손으로 든다.
많은 공기 중에서 내 앞의 공기만 들이마시고 있다.
지척에 있는 것만 보는 내가 공설운동장을 돌고 있다:
곧 고통으로 움찔하리.

감사한다, 미래의 넋들이여,

오래되지 않을 미래,
사망의 넋들이 나를 위로하리라
아버지의 슬픔, 할아버지의 할아버지의 슬픔을
오로지 미래의 넋들이 지금 매트리스 인생들도 위로하리라
오래되지 않을 사망의 넋들이 구원이 미래에 있었다,
정당화시키는 것은 오로지 미래, 맞는 말이다
다가올 사망의 넋들이 구원이 아니란 말인가.
미래의 넋들에 감사드린다.

미래의 넋들이 구원이 아니란 말인가.
과거의 넋들이 구원이 아니란 말인가.

미래는 신과 같은 것으로서 미래는 반박 불가능이다. 과거는 신과 같은 것으로서 반박 불가능이다. 신은 믿을 만한 것 중에 믿을 만한 것. 신神은 진리 같은 것으로서 반박 불가능이다. 미래의 넋이 진리 같은 것으로서 반박 불가능이 특징이다.
과거의 넋들이 이순신(李舜臣, 1545~1598)의 죽음도 반박

불가능이다. 나의 죽음을 알리지 말라, **이순신의 죽음은 공공연한 비밀이었다.**

오지 않을 미래, 미래의 고통이
구원이다. 미래는 고통으로서, 미래의 고통이 고통을 정당화한다. 고통을 반박 불가능한 것으로서
고통을 정당화한다. 고통을 심연이라고 할 때
심연은 누구나의 심연이다. 심연 앞에 서 있는 자者가
심연을 노래 부른다, 자아라는 것은 망상妄想
심연을 심연으로 정당화하는 자가 시인이다. 아들의 고통이 고통을 정당화한다. 아들의 아들의 고통이 고통을 정당화한다. 미래가 구원이 아니라는 말인가?

잠깐의 승리[영원의 승리] 진군의 나팔소리

왼쪽 책꽂이 중앙 선반부에 같이 누웠던 검은 선박 같은 바퀴벌레가 시커멓다 못해 푸르스름한, 푸르딩딩한 모습

을 경유해 내 손바닥 위 말라비틀어진 모기 모습으로 잡혔을 때 운명運命을 떠올렸다, 선한 손이시어 미래로 끌고 가는. 마그나카르타 1000년이여, (2015)

사랑에 대하여

사랑하는 것이 대단하고 속이지 않는 것이 대단하다.
둘이 대단하다
사랑하는 것을 속이지 않은 것이 대단하다.

사랑이 뭔가
속이지 않는 것이 뭔가

사랑 없이 떠난다.
속이지 않는 것을 모른다.

단 한 번의 기회였으나 너무 늦은 거다, 사랑 없이 속이지 않는 것을 모른 채. 용서하라.

내 양자量子들을 용서하소서. ―양자들은 관심이 없다. ―사랑 없는 것에, 속이는 것에 관심이 없다―

뻔하다. 사랑에 관심 없는 것이 자연自然이고, 속이는 것에 관심 없는 自然이다.

유리멘탈이 8시 뉴스 일반에 생존하는 법

가방을 두고 오길 잘했다. 가방 두고 온 것만 생각한다. 가방이 집에 없었을지도 모른다. 며칠 전부터 안 보였는지도 모른다. 가방만 생각한다.
누가 나를 밀치고 갔다, 가방만 생각한다.
쇼윈도우의 마네킹이 나를 떠난 여자와 닮았다, 가방만 생각한다.
버스가 방금 지나갔나 보다, 그래도 가방이 이긴다
버스에 자리가 없다.
내릴 때 카드를 단말기에 찍지 않았다, 괜찮다 가방이 이긴다.
학교 건물에 도착했다, 기다려도 아무도 오지 않는다. 휴대폰을 본다. 아뿔싸 오늘이 아니고 내일이었다, 괜찮다 가방이 걱정이다.
빠르게 집으로 향한다. 집에 가는 길도 녹록지 않다. 버스 기사가 들려준 8시 뉴스 내용 일반에 잠시 흔들렸으나 괜찮다. 가방만 생각한다.

가방이 신발장 위에 있었다. 기뻤다. 오늘은 성공적이다. 가방을 찾았고, 가방을 두고 가길 잘했다. 가방만 생각한 날 아닌가? 가방만 생각한 날 아닌가?
가방만 생각한 날, 유리 멘탈이 생존하는 법이긴 한데 가방을 맘대로 두고 갈 수 있나?, 그때 그때

다시 버스가 방금 지나갔고 나는 쨍그랑 깨지고
다시 텅 빈 교실에 들어서고 나는 쨍그랑 깨졌고
다시 첫사랑에 나는 주욱 금이 가고, 돌아가신 분께 나는 주욱 금이 간다.

가방을 나 모르게 신발장 위에 두고 나갈 방법이 있나?, 매일매일 잊고. 유리 멘탈이 8시 뉴스 내용 일반에 생존하기 쉽지 않아.

시 한 편

죽을 준비 없이 있는 게 죽을 준비하는 게다. 모르는 사람 아는 사람 뭔지 모르고 아는 게 약이다. 신神 다음에 믿을 만한 게 약藥이다. 잠든 자를 더 잠들게 하는 약뿐이었나 그

동안 먹은 약이 보약이다. 죽을 준비하지 마라 태어날 준비 없이 죽을 준비 없이 태어나고 죽는 게 맞다. 죽은 자는 죽은 다음에 죽을 거고, 산 자는 태어나기 전을 알고 있다.

도대체 몽테뉴가 지하철을 탔든 버스를 탔든 무슨 상관이오.

대신 죽든지 대신 태어나든지 맘대로 하시오.

동네 맛집

신이 존재하지 않는다. 신이 존재하지 않는다고 느낄 뿐이다.

그가 존재한다면 어떻게 사나? 세상이 설명된다면 어떻게 사나? 신이 된다면 어떻게 사나? 모든 걸 설명하면 어떻게 사나? 뭘 하고 사나?

신은 존재할 수가 없나? 모두 설명해 주면 뭘 먹고사나? 뭘 하고 사나? 영원한 신과 영원히 산다면 뭘 하고 사나 뭘 먹고사나? 먹어야 하나? 맛집이 뭔가?

두려움이 뭔가? 무엇을 두려워하게 될까. 무엇을 파괴하게 될까? 무엇을 사랑하게 되고 증오하는가? 신이 존재한다는 것은 신은 존재하지 않는 것을 일컫는다.

존재하지 않아야 존재하는, 존재하지 않는 것으로 존재하는 신은 틀림없이 존재한다. 존재하지 않고 존재하는 신

이 정말 신이다. 맛집은 존재하는 것으로 존재한다. 신은 존재하지 않는다. 존재하지 않는 것을 느낄 뿐이다

노구 할미의 죽음

누구나 죽음에서 도망간다. 밥 먹을 때 도망가고
걸으면서, 말하면서 도망가고 ㅡ일하면서, 잠자면서
도망간다. 도망가다 어디 지점에서 잡힌다

좋은 음식, 몸에 좋은 반찬을 잡는다.
일만 보步가 전국적이다 ㅡ죽음으로부터 도망 아닌 게 없나
말을 점잖게, 또박또박 발음한다, 똑 똑 한 사람을, 낙낙
한 사람, 일 잘하는 사람을 해고할 리 없다.
노숙자 인생 되게 할 리 없다. 노숙자는 염증에 죽고 알콜
에 죽는다. 전념을 다해 똑똑하게 산다, 전력을 다해 해고
안 당하게 말한다

죽음 때문. 내일 아침 눈 안 떠졌으면 하지만,
사실 그런가? 눈이 안 떠질까 봐 잠이 안 온다.
불면은 왜 두려워하는가? 내일 과업 때문이다.
불면으로 일터에 늦을 수도, 못 갈 수도 ㅡ다시 해고당할 수 있고,
다시 노숙자 생활할 수 있다. 알콜 중독에 합류해 죽기 싫다.

노구 할미는 죽음을 자청하셨다.
이른바 자발적 몰락 의지에 의해서다.
자청한 죽음은 두려움 없는 죽음이다. 두려움 없는 완전한 죽음에 합류하셨다. 노구 할미이다 두려워하는 죽음들에게 본을 보이셨다. ─이렇게 죽는 거야. 잘 죽어야 해.
─노구 할미 말이다

완전한 죽음에 완전한 죽음,
소크라테스의 두려워하지 않는 죽음 ─사후死後 세계에 대해 나는 아는 바 없다 ─두려워할 게 아니다.
붓다의 열반은 어떤가
바울의, 영혼을 온전히 아버지께 맡기고 죽은 죽음
완전한 죽음을, 두려워하지 않는 죽음이라 한다. 완전한 죽음에 계급이 없다.

노구 할미의 죽음은 붓다들과 다르지 않은 죽음이다. 노구─할미의 죽음은 자기 위함이 아님이기 때문이다. 두려움 없는 죽음이라면 벌써 붓다이고 벌써 바울이다. 벌써 소크라테스다 완전한 죽음에 계급이 없다.

너를 위한 죽음, 임을 위한 죽음, 임의 스승을 위한 죽음, 스승의 스승을 위한 죽음,
완전한 죽음의 범례다
'우리는 모두 무언가 되고 싶다.' 두렵지 않고 싶다. 완전히!! 죽고 싶다. 노구—할미가 되고 싶다.

잠과 밤과 꿈의 동시성同時性

미련이 많은 자들이 밤새 꿈꾸는 것을 단도직입적으로 말하자
뿌리로의 돌진이다. ―본질로 바로 가면 본질이 끝나고 글쓰기가 끝난다
자기 앞의 삶이고 삶의 한가운데다. 미련이 많은 자들이 삶을 몰아서 삶을 앞에서 삶을 미리 사는 식으로 꿈을 꾼다. 눈뜨고 꿈을 꾸는 사람들이 뿌리로의 돌진으로서 서론으로 인생을 끝내는 식이다. 미련이 많은 자들이 결론까지 끌고 가는 것이 아니라 반대로
서론과 시론으로, 밤새 눈뜨고 잠과 밤과 꿈을 몰아서 꾸는 식으로,
본의는 아니지만 인생을 서둘러 끝낸다.

친구가 죽어도 친구가 먼저, 고양이가 죽어도 고양이가 먼저, 그들이 먼저 하는 것이 아니라, 밤새 눈뜨고 꿈꾸고 하는 자가 하는 수 없이, 빙그레 놀라는 표정으로 먼저,

하는 수 없이 먼저 한다.
하는 수 없이 먼저 하는 모습은 얼마나 아름다운가.
먼저 하는 모습이 아니라, 하는 수 없이 먼저 하는 모습은 얼마나 아름다운가.

하는 수 없이 먼저 하는 예수가 그랬듯, 멀리 말고. 하는 수 없이 먼저 하는 붓다가 그랬듯,
하는 수 없이 먼저 하게 해서 하는 수 없이 먼저 하는 자의 뒷모습 가을 앞에 선 쩌렁쩌렁
나에게는 누님이 없다. ─자연은 관심도 없다.

어쩔 수 없이 어쩔 수 없이 뒤돌아보지 않게 하는 방식이 밤과 잠과 꿈을 통일統一시켜 밤과 잠과 꿈을 동시적으로 켜는 방식
비동시적인 것의 동시성이 어때? 비동시적인 것의 동시성이 말을 건다. 시詩가 말을 건다.

제로에 도달한 예술가

예술가 인간은 귀가하지 않는 자 길을 잃는 자 돌아가고
싶어도 너무 멀리 온 자. 많은 길이 멈추면
다시 집을 짓고. 다시 떠나는 자 돌아갈 길을 영영 잊은 자
행성이 집인 자 영원한 집이 아니라, 영원한 행성이 아니어도
다시 집을 짓는 자 다시 사랑하고 다시 목메어 사랑하고
시간 맞춰 노년 장년 청년 유년 다시 떠나는 자
앞문으로 들어가 앞문으로 나오는, (노동의) 영원한 반복
독수리가 지치고 까마귀 부엉이 앵무새, 다시 독수리가
지쳤을 때
그는 나무 위에 오른다. 바위에 오른다, 그가 돌아다닌 길
이다 그가 떠나고 도착한 길이다.
행성 일곱 바퀴까지에 도달했다.
햇볕과 질량과 중력이 예술가의 우군友軍,
플러스와 마이너스 전하까지 도달했다.
제로를 확인했고 그는 긴 숨을 쉬었다. 떠나고 떠나고 떠

나고 돌아온 자의 웃음, 깊고 푸른 꿈이었다
한 무리의 예술가 사람들이 그 뒤에서
다시 떠나고 다시 도착하는 일이 벌어졌다

집을 위하여—억울을 위하여

내 생명이 내 고유의 생명이 아니라는 데 이견이 없다; 우주의 일부로서 우주의 한 조각 합성 물질.
혹시 가상이라고 하면 문제가 된다. 제임스웹이 보내온 창조의 기둥이 가상이고 뻐꾸기 한 마리 울음소리가 가상이다. 더 큰 문제는 이걸 뽐내는 호모 사피엔스까지 신神이 아니라 가상이라 한다. 뻐꾸기 독수리 차이가 없듯 창조의 기둥과 차이가 없다네.
인류는 혼자인가? 예스, 혼자올시다. 하는 물음과 대답이 다 틀리다는 것. 인류는 거실 안 코끼리 검은 백조와 함께, 창조의 기둥과 스티븐슨 별과 함께 나란히 있다

아버지가 이상하게 돌아가셔서 억울하다, 아버지의 아버지가 그러셔서 억울하다, 이걸 백조자리와 북두칠성은 할 줄 모른다. 자연自然처럼 북두칠성은 그들에 관심이 없다. 나머지 6개 별의 생성과 몰락에 관심이 없다

집을 위하여 집 짓기에 관심이 없고 생로병사에 관심이 없다

요컨대 스티븐슨이 억울해하지 않는 것에 나는 억울해서 미칠 지경이다. 억울하지 않으신 분 나와 봐? 할 때 코끼리 개미도 억울하나 선뜻 나서지 못한다 검은 백조 코끼리 나무 돌덩이 독수리도 억울할지 모르나 나올 줄 모른다.
내 생명은 억울한 생명이고 인류는 억울한 인류이다. 억울해서 인류는 구분된다. 그밖에 별別 차이가 없다

가상일지도 몰라 백조자리 창조의 기둥 나니아케아 초超은하단 스티븐슨도 가상일지 몰라 잠깐 있다가 138억 년 46억 년 38억 년, 930억 광년까지 찰나처럼 지나가잖소

138억 년이 후다닥 지나갔듯 138억 년이 앞으로 후다다닥 지나갈 것이다. 누구도 남아 이것을 증언하지 못할 텐데, 가상이 아니고 뭐란 말인가? 꼭 집어 말하자. 98억 년 전에 별들이라는 낱말 말고 아는 게 뭐 있나? (98억 년 전 행성의 지질학적 연대기를 아나)

억울한 것만 빼고 코끼리 코로나 스티븐슨 인류는 다르지 않아. 억울한 것을 접을 방법을 몇몇 성자들이 시도했었지. 2,000년 2,500년 전前에? 그리스 고대 고조선 고대 힌두 고대 이스라엘

내 생명이 내 고유의 생명이 아니라는 데 이견이 없다. 나는 나에 기여한 게 없다 수소 탄소 질소 산소 황 인 철로 와서 그것으로 다시 나누어지게 될 텐데. 간단하다, 가상도 괜찮다. 내 것이 아니라면 가상이 무슨 상관이란 말인가 가상이 아니란 말인가? 슬프지 말고 억울해하지 말자?
슬프고 억울해하는 것은 못 내놓겠다, 아니다 내 범주 밖이야. 내 능력 하나가 고통의 능력 억울의 능력이지. 나머지는 같아. 남김없이 같지 않은 것이 억울하다.

꽤 노력했으나 같아지려고, 무기물의 꿈을 꾸려고 성자聖者들, 많은 성자들이 노래했고 우리를 미혹했으나 허사였

다. 억울한 것은 어쩔 수 없는 인생이다. 억울이 인생인 인생에 대해 동의하지 않으시나(요)?

백조의 나날들_욕조를 채우는 눈물

빈터를 채우려 했나? 빈 터를 보여주려 한 것 생상스를 상크트 상크트로 읽으며 vacant vacant 하며 백조 백조로 덮으려 했네. 죽음의 천사인 것—죽음의 백조인 것

맨 나중 모습을 드러낸 것은 어머니와 함께한 사진, 어머니는 어느 장로님의 모습을 하고 계셨다 엉뚱한 사진, 그로테스크의 두 가지 뜻 중에 코믹성이었네
좌측에 서 계신 어머니, 동생들, 그리고 환경관리공단 본부장, 나는 그들을 채근했네, 봐 봐 어머니야, 울음을 터트린 듯.
궁금한 것은 집 안에 들인 커다란 나무, 기둥과 큰 가지 주위를 시멘트가 꽁꽁 싸맸네. 오전 11시에 해가 들어오는 곳. 사진만 나온 것이 아니라 일회용 커피 막대까지, 표지가 썩은 영한사전 푸른곰팡이가 핀 독독사전까지 나왔으니 말 다했다
남은 얼마 동안은 방 정리하는 데 써야겠네. 남김없이 방 정리 비품 정리 남김없이 책들 정리. 어머니께 칭찬 들어

야겠소. 인생은 방 정리라고 속삭이는 죽음의 백조.

세계의 축소판이 나의 부엌 나의 서재 나의 욕조, 전집과 전집 전집의 우울한 실러와 플라톤을 무시하지 말게 정리해 봤자 아니네, 우울증으로 거듭나기만 봐도 그렇지 않았나. 책이 모두이고 하나인 때가 있으면 그렇게 하셔야 하네. 도망치지 말게. 부엌의 접시들과 책장의 책들로 들어가셔서, 연필과 볼펜 지우개 메모장 딱풀 스카치테이프 칼 봉투 호치키스들 하나하나 세시고 분류하시고 세워 놓으셔서, 바라보기도 하면서 읽다 잠들기도 하셔요.

남은 인생 찬장 정리 책장 정리 창고 정리하면서 부드럽게 부드럽게 아다지에토로 가네. 너의 세계가 세계의 세계이니, 너의 방이 세계의 방이니 너를 소홀히 다루지 않네.

욕조를 채우는 눈물 __세계가 인생인 인생, 세계가 방인 방, 세계가 부엌인 부엌, 나무 기둥이 방 한가운데 세워진 때가 기억날 걸세. 어머니의 어머니와 걸었던 도청 뒤 관광호텔도 가보게 될 걸세. 삼천리호텔의 함박스텍도 먹어보게 될 걸세. 아버지의 아버지와 대화하게 될 걸세

빈터 빈터는 없네, 채워진 빈터만 있네. 시간에 빈터가 있는 걸, 공간에 빈터가 있는 걸 하지 말게. 시간에 비약이 없는 줄 아는 것처럼 공간에 빈 공간이 없는 줄 아시겠네. 빈터를 채우러 가자고요. 빈터를 채우러 갑시다 방문을 걸어 잠그고 아 몇 번째인 줄 모르나 최초인 줄 모르나 들어가 봅시다. 시공간視空間 여행인 줄 아시는군. 정리하러 갑시다

모든 곳의 이론

여기기 내 땅이 아니다. 돌아갈 곳은 여기가 아닌 것이 분명하다.
몇 번 반복되었다. 나는 길을 못 찾았고 밥 먹을 데를 못 찾았고 이곳과 저곳을 혼동했다
나를 나가라고 한 로비가 있었고 내가 간 곳은 막다른 낭하였다
나는 매번 제자리로 돌아왔고 씻을 곳을 못 찾았고 여러 개의 화장실을 지나쳤다.
매번 다른 사람을 만났고 매번 쫓기는 듯했고 엘리베이터 버튼을 누르기 힘들었다
인사를 나누었으나 그중에 군대 동기가 있었다.
집은 내 집이 아니었다. 매번 택시를 기다렸으나 택시는 그냥 지나가거나 승찰 거부했다
버스 뒤꽁무니로 올라타고, 기차를 탔으나 불안했고 내린 곳은 다시 그 자리였다
은행나무 사거리 평촌坪村 사거리, 은행

자본 사거리. 나는 내 땅이 아닌 곳에 있으며 떠나지 못하고 돌아가지 못하고 있다
돌아갈 곳이 있기나 한 건가 물었으니 이마저 불분명했다
돌아갈 곳이 있나? 여기가 내 땅이나? 매번 똑같은 일이 되풀이된다.

돌아갈 곳을 찾는 노력은 계속된다. 매번 제자리였고 나는 도달할 수 없다. 어디인지 모르나 어디인지 알 때까지 나는 계속 힘들 것이다. 밥이 아닌 곳 집이 아닌 곳을 돌아다닌다. 식당에서 쫓겨나고, 씻을 곳을 찾아 돌아다니다가 쫓겨나 택시를 잡으려고 하고, 버스와 기차에서 내렸으나 같은 곳이다. 내가 누구나? 이름도 가물가물하다.

우주에 대해 많이 말하니까 한 가지 분명한 것은 여기가 무시되는 점이다. 여기저기 거기를 찾는 것이 무시된다. 우주라고 넘어가는 경우가 많다 우주가 무엇인가? 우주

는 사실 불가능하다. 밝혀주면 인류는 정말 갈 곳이 없으니. 밝혀지는 것은 고작 멸종에 관해서니. 끝을 아는 것은 인자 인류 스스로를 부정하는 것이다. 독수리 사자 바위 나무 있는 것들이 없는 것이 된다. 자본 은행 사거리

5부

월현리

월현리의 6월 말이다

일부러 두꺼운 숲을 찾을 때 만난 얇은 숲을 기록하고 싶었다.

비가 빛처럼 느껴지는 날이 있다
거꾸로도 마찬가지인 날
마야 문명과 베다 시절의 마야의 베일이 그랬다.
생生인가 사멸인가? 꿈장면인가 생시生時인가
마야는 무슨 뜻인지
알겠다, 두려워하지 마라
잠깐 있다 사라지는 소리라 해도
비에 젖고 빛에 흠뻑 젖었다.

빛소리와 빗소리가 섞여 있는 날
두꺼운 숲도 젖고 마르고
얇은 수풀도 마르고 젖고
영원히 되풀이하는 듯
쩔쩔맬 때였다
대답이 안 되고 질문이 안 되고

나는 대답하는 자가 아니니라, 더구나 질문해도 안 되느니라
쩔쩔매는 것이 아니다
쩡쩡 울리는 소리
잠깐 견딜 만했나 잠깐 살 만했나? 달라졌다
빗소리가 빛의 소리로 변할 때
빛의 소리가 빗소리로 변할 때

몰락을 구하지 않게 된다, 인생을 묻지 않게 된다
질문하지 않는 자
대답하지 않는 자
가 된다. 꿈인가 생시인가 한가운데가 되었다.
시간과 장소가 되었네.

두꺼운 숲과 가벼운 숲을
가려서 내리지 않는 비와
빛을 느끼게 된다. 영원한 것은 비와 빛소리뿐이었다.

그런가? 동의하지 않는 것에 동의했다.

뒤에서 앞으로 새들이 다시 입장이다

뒤에서 앞으로 새들이 다시 입장이다
거짓말이라면,
입장이 아니라 퇴장인가.
다시가 아니라 오랜만인가.
정확히, 새라기보다 물까치 떼, 물까치 여러 마리가 맞다.
뒤에서라기보다 위 아닌가.
지붕 위 어디쯤 새들의 보금자리가 있지 않을까. ─지붕 위를 어떻게 아나?

새들이 날카로운 소리를 낸다.

거짓말을 시詩가 얘기해도 되나
─거짓말이야! 하고 詩에게 얘기해도 되나
시각의 거짓말, 지각의 거짓말, 내용의 거짓말이라기보다
불확실이 운명인 언어 탓 아닌가?

무슨 말야, 그래도 거짓말에 유의해야지. 거짓말이야 거짓

말이야, 사랑이 거짓말이면 거짓말이라, 하는 것처럼 **팩트**가 중요한 거 아냐? 시詩도, 서정시도 서사시도 **팩트**가 있잖아, 문학도 미디어 아닌가? 가짜뉴스에서 자유로운가? 상상은 인정, 빗자루 타고 하늘을 나는 마귀할멈 인정, 외눈박이 거인 인정! 북한강에 소형 핵잠수함들 이동 포착, 청와대 지하 벙커에 김재규 씨가 산다. 불인정!

시간을 현미경으로 확대시켜 공간을 양자현미경 수준으로 놓고
동공 크게 확대시켜 말해도,
'(희미한 안개구름 속이나마) 뒤에서 앞으로 새들이 다시 입장이다'가 문제 될 것 같지 않다.

어찌 됐건 개념 없는 맹목盲目들 아닌가? —어쨌다? 김재규가 청와대 주인이라니까.

뒤에서 앞으로 새들이 다시 입장이다. —페이크! 뉴스!

상고대

비가 먼저 오고 비가 얼면서 눈이 오고, 비와
눈이 뒤섞여 된 얼음.
겨울나무, 여기 겨울나무들이
이상한 이유다.
겨울산이 보이는 이유다. 거무튀튀한 주먹밥을 주섬주섬
먹은

등고선 따라 펴져 있는 기둥들이
파르테논 신전 기둥처럼
느껴지는 이유다.
수상한 느낌이 수상한

월현리 사람들이 무채색인, 이유다.

겨울산이 좋다, 무채색 아닌 날들과 비교한다.
월현리의 월현리 사람들.

월현리 사람들

1. 없는 일을 있는 것처럼

일어나지 않은 일을 일어날 것처럼 걱정 불안 염려 근심하고
변하지 않을 것을 이제는 알면서 변하지 않는다고 분노하고

일어나지 않은 일을 쓸데없이 값없이 걱정 불안 염려 근심하라.
바꿀 수 없는 것에 대 가 없 이 쓸데 쓸데없이 분노하라
우리는 값이 없다. 우리는 쓸데없다. 우리는 최대이윤의 법칙을 위반한다. 효율주의效率主義를 위반한다. 우리는 몰락하는 지름길을 찾는다
안 되는 것을 알면서 안 되는 것을 하는, 안 자본주의적 안 효율적 인간들이다.
죽을 걸 알면서 죽을 걸 염려걱정근심불안한다
죽을 걸 염려걱정근심불안하지 않는 사람들.
우리는 죽을 걸 염려걱정불안근심하는 월현리 사람들. 죽을 걸 분노하는 월현리 사람들을
여기 기록으로 남긴다.

2. 월현리 학파는 아니고

월현리 학파는 아니고 월현리 동인同人은 아니고. 죽을 걸 염려하는 값없고 쓸데없는 월현리 사람들. 죽음에 분노하는, 죽음이 바뀌지 않을 걸 알면서. 죽음에 쓸데없이 분노하는 월현리 사람들을 기록해서 알린다, 부조리 학파 쓸데없이 값없는, 없는 일을 있는 것처럼 하는, 없는 일을 있는 것처럼 한다. 도사들 인생의 명수다.

주천강 유감

주천강의 발원지가 태기산이라고 한다
우리 앞을 주천강이 흐른다
한겨울 쩡쩡 소리 내는 주천강 얼음
땅콩 마을 다리 아래 흘러가는 주천강
영월 초입 무릉도원길도 주천강을 따라간다.
주소가 작년 6월부터 주천강로월현3길이다
주천강이 없으면 횡성은 심심하다―심란하다
주천강은 강이다, 남한강이다
주천강은 酒泉江이라고 쓴다
니체연구소장 말로 고기반 물반이었다는 주천강
주천강과 강림면의 모든 집들이 밀접한 관계에 있다, 주천강이 거의 모든 곳에서 흐른다. 언덕 위의 집이 안 좋고 남향집이 좋다 _일반적 얘기
주천강가 음식점 중 ○○○추어탕과 ○○○매운탕칼국수 이모백반이 유명하다
삼거리 주천강이 휘돌아가는 곳에 산초두부집이 새로 생겼다
얼마 전에 행방불명된 88세 노년이 주천강 얕은 곳에서

주검으로 발견됐다

봄여름가을에 다슬기를 많이 잡는다, 주천강가에서

주천강 얘기는 주천강의 이유들이나 주천강 자체를 충족시키지 못한다

주천강은 알 수 없다_주천강은 일부 존재한다

세계는 존재하지 않는다

진리는 존재하지 않는다

우리 모두 주천강가에서 주천강을 말하지

주천강 밖에서 주천강은 어림 반품도 볼 수 없다

주천강가로 이사 온 일부 존재하는 나

일부 존재하는 나와 일부 존재하는 주천강

나는 주천강을 부지런히 싸돌아다닐 것이다 ─천천히 사라질 거다

해장술 석 잔에 하루를 망치고

오늘은 또 어떤 일이 벌어질까. 한국인에게 지구인에게 차를 운전시켜 나갈 때마다 길을 잃는 일이 다반사였다. 가지들에서 눈발이 떨어질 때마다 차 안에는 큰소리가 났다.

오늘은 또 어떤 일이 있을까. 새벽비가 얼굴을 적시는데 예배당에서 종소리와 기도 소리가 같이 들린다. 길을 다시 잃게 될 것이다. 집안에서 큰소리가 났던 것을 기억하자.

얼마나 더 소리와 소리에 붙잡혀 하루를 망치고 겨울을 망치고 평생을 마칠까 _해장술 석 잔에 하루를 망하게 하고 여자인지 남자인지 불분명한 목소리에 평생을 망칠 것은 분명하다.

헤아릴 수 없는 별자리

죽은 형제들이 일어나 덤벼드는 일과 사라진 편집자가 되살아나 복수하는 일이 최근에 있었는데 속수무책 당하다가 겨우 진정되었는데 다시 백두산이 폭발할 것처럼 다시 아내와 아들들이 몰려와 비난하는 일이 최근에 있었는데 숨을 여섯 번 들이쉬고 여섯 번 내쉬는 일이 끊이질 않았는데 대증요법이었다

피해와 가해의 변증법이라고 해두는 것. 편집자도 내가 사라진 일로 형제들도 내가 덤빈 일로 여섯 번 숨을 들이쉬고 내쉬고 하니 피해와 가해는 상호주의에 입각한 보편성이 아닐까. 아들과 아내가 서로 비난하는 일이 없으리라는 보장이 없다. 내가 아내와 아들을 비난한 것은 헤아릴 수 없는 별자리이다.

고맙습니다

내의內衣 내복보다 브래지어 빤스가 인간적이고 빤스줄이 끊어졌다가 인간적이다. 수치심을 자아내는 말? 성적 인지 감수성?

문학예술, '전설'에서 미시마 유키오의 정사情事를 떠올리는 여러 말들이 외설적이다 성적인 수치심을 느꼈다? __ 성적 인지 감수성에 잡혀 침대에서 꼼짝 못 했다?

문학예술은 성적 수치심이 없다.

문학예술은 성숙한 성인용품이다

지천명은 외설이다, 이순耳順이 외설이다.

인생칠십고래희가 그렇다

중국이 외설이거나 일본이 외설이거나 한국이 외설이거나, 성인용품들이다

욕하는 인간

욕하지 말아야겠다는 생각이 안 든다
왜 욕하지 말아야지 해야 하는지
나는 욕하는 나다, 인간이란 무엇인가.
욕을 할 줄 아는 호모다
호모 욕辱이란 욕하는 인간을 말한다
욕을 하는 게 느껴질 때 놀랄 때도 있지만,
곧 욕에 빠져버린다
욕을 하는 걸
누가 들었을 때 창피하다
몸을 부들부들 떨지만
10미터도 안 가 욕하는 자(놈 者)를 본다
인간이란 무엇인가.
나중에 두 지팡이와 두 다리로 걷는 인간이다
요즘에는 욕하는 인간이다
욕하지 말아야겠다는 생각이 드는 날이 오지 않고 그냥
욕으로 썩어 문드러지는 거다
욕했던 시절이 그립다

쪽팔림에 가장 큰 수가 없어

일생 평생 쪽팔린 경우가 얼만큼인가 세어본다
이만하면 됐겠지 하면 떠오르는 쪽팔림
계속 +1이다 갑을 관계에서 새것이 튀어나오는 식이다
갑인 친구와의 관계. 의사와의 관계 동료상사의 관계 선생과의 관계 중에서 요즘은
갑종 의사意思가 으뜸이다. 부모는 나를 쪽팔리게 덜하는 쪽 같다. 부모에게 쪽팔려도 된다. 우리만 그렇겠나.

쪽팔림을 넘어가는 방법은 나의 신체와 마음을 파악하고 있는 갑종 빅브라더들에게 분노를 자다 말고 벌떡 일어나 이런 식으로나마 표현하는 수밖에 없다. 정말이지 그들은 갑이지 나를 계속 쪽팔리게 한다. 잊을 만하면 플러스 일이 나온다 쪽팔림의 역사가 무한수의 반열에 등극한다.

갑을 관계가 평평한 관계되기가 되게 힘들다 __평평한 존재 __최고의 사치, 최고의 말의 성찬

각종 갑종을 되도록 적게 만나는 방법을 강구해 보는 것도 방법이다. 강구하는 것이 덜 쪽팔리게 하고, 만나는 수를 줄이는 것이 쪽팔리는 수를 줄인다. 마이너스로 가자. 쪽팔림이 늘어나는 것은 어쩔 수 없어도 증가 속도를 마이너스로 줄이자. 그리고 시간이 보배 아닌가? 기억보다 망각이 인생을 살 만하고 견딜 만하게 한다 했다

인생은 쪽팔림의 역사여도. 인생은 쪽팔림의 역사여도 인생은 쪽팔림의 역사가 틀림없다. 사랑한다 쪽팔린다. 영원히, 쪽팔린다 담대하라 쪽팔리지 말라 항상 기뻐하라 기도하라 감사하라, —— '쪽팔림의 역사'

느낌이 행함으로—행함이 느낌으로

느끼지 않는 거 있겠어요
하지 않은 게 있겠어요?
그 태양, 그 바다가 소용 있겠어요
그 태양, 그 하늘에 소용 있겠어요
샌프란시스코 산타모니카 할리우드 등
바스하우스에서 일어난 일, 잊을 리 있겠어요?
한여름이 오니까 가는 거
다음 여름이 오니까 가야 하는 거
다시, 샌-프-란-시-스-코 가는 거, 생-떽-쥐-베-리 가는 거
이 말고 무엇이 있다? 말해요.
소양강 나린 물이 어디로 든단 말가
한 번 보고 두 번 보고 자꾸만 보고 싶네,
그럴 리 있겠어요
원 없이 살았군요? 그래요 예스라고 말하는 그 거
처음에 탄소炭素가 있었어요—수소가 실행에 옮겼을 뿐
우리 헤어져요, 그리고, 다시 만나지 말아요

그럴 리 있겠어요?

밥을 먹어야겠다, 식기 전에

식탁 위에 얼굴을 얹자마자
해골로 변하더니
내 의지를 향해
이빨을 드러내는 것이었다
날 바라보는 해골이라고 바쁠 리 없다
그러다가 언젠가 나처럼 된다
기분 나쁠 리 없다
해묵은 속삭임이 아닌가
지금 날 데려가겠다고 하면
기분 좋을 리 없다
방파제 끝이 아니다
개죽음이다

밥을 먹어야겠다, 정말
밥이 식기 전에

실성, 혹은 알츠하이머가 답이다

나에 관해서 물으려면 이미 세상에 편입된 존재에 준거準據해야 하는데
편입된 존재에 준거해서 묻는 일은 이미 한 수 접고 묻는 일.
'이미 편입된 존재'가 많은 말을 하고 있어서 그에 필적할 만한 대답이 나오기 힘들다.
인간이란 무엇인가? —이미 세계 내부 존재, 혹은 던져진 존재이므로
나에 관해 묻기보다 실존을 문제 삼는 것이 낫다.
던져지는 것에 관해 생각하는 것이 더 낫다.
로캉탱의 구역질, 뫼르소의 살인, 햄릿의 Let it be를 떠올리며
던져지기 전에 던지는 것을 생각한다.
구원과 무관하다. 죽음으로의 선구先驅가 구원과 무관하며,
두려워하지 않는 죽음을 완전한 죽음으로 말한 시인
시인이 그의 말대로 완전한 죽음이다.

혹은 치매상태에 진입하는 것이 완전하다? 알 수 없다,
소크라테스의 죽음을 완전한 죽음이라 해도,
소크라테스의 인생을 살지 않았다.
결론은 실성, 혹은 치매

비행기의 제전祭典

비행기가 보이지 않는 것은 하늘에
산에
하얀 구름이 하얗게 깔렸기 때문이다

미치지 않는 것이 다행이라는 말이 사실이다
미칠 것 같은 지상
은수저가 파랗다는 말이 사실이다.
푸른 소나무 잎의 끝이 파르르 파르르
떨린다
친구 주먹을 펴서 개불을 만진 심정

(의 소리이다)
산보자는 땅을 파야 한다
불 속으로 들어가야 한다
가장 특수한 시작을 기대期待밖에 하지 않는 자들 (말아야
한다)

그렇다고 웃지 말라는 얘기는 아니다
커피를 마시지 말라는 얘기는 아니다? 천만의 말씀
그대를 기다리는 것이 싫어진 것도 아니다.
웃고, 즐겨 커피를 마시고
가슴 뻐근하게 그대를 기다리는 놈들

헤어지자. 살아 돌아간 도살장의 소들을 본 적 없으면서도
그러자. 왜 그러는 걸까.
비행기 소리를 비행기처럼 싫어하는 걸까. 못 견뎌하는 걸까.

산보자는 땅을 파고 들어간다. 땅의 아가리로
땅은 불의 아가리로
맨 나중의 점点에 희망을 건다.
내가 죽어 독을 삼키고 독을 유전시키리라

키보드를 잡은 자 모니터를 응시하는 자
구름 속에 비행기를 숨겨놓은 자

아가리를 받으라 나의 저주를 받으라.
추락하라
기억력을 잃은 하늘을 의지하라

아가리로 사라지길 바란다 하늘의 마지막
아가리이길 바란다.
살아 돌아간 도살장의 소들을 본 적 없으면서도

형식에 관하여

아침식사에 몰두하는 것은 형식에 몰두하는 것이다.
아침식사하고 산책을 떠올리는 것도 형식에 관해서이다.
밥을 목구멍으로 넘기면서 티브이나 신문을 같은 목구멍
으로 넘길 때,
정보가 시작된다, 일감과 같은.
나는 형식에서 멀어진다.

하나이고 모두인 형식에서 밀려난다, 최종적으로
한밤에 묻는다, 여기가 어디인가.
자유인가 몰락을 달라
왼쪽과 오른쪽이 없는 나날들

시리즈 복

불행으로 회귀하려는 심리
정상을 감내하지 못하는 구조적
불행을 잃어버려 우울하다.
불행을 촉진하는 알약이 말을 안 듣는다. 불행이 드세다.
불행이라는 개념에서 물러서는 것

몇십 년 되었으니 그만큼 알약을 복용해야 하는지
불행을 찾아다니는 엽사; 다시 찾는 일이 힘들다.
마지막 무기가 불가능하다.
마지막 무기고를 털면 불행이 불가능해진다.
침착하자.
거의 모든 것들이 발견됐는데
불행에 대한 거의 모든 것이 통째로 발견되지 말라는 법이 없다.

불행을 희망하는 것도 복의 영역이다.
빌어먹을 시리즈 복福

6부

소설 읽었던 일

폭설의 알루미늄

검은 태양이 공중 한가운데 되어 있을 때 세상은 비로소
삽상해지리라.

제임스 망원경이 영월寧越 무릉도원길을 찾았다는 소식을 듣지
못했다.
지리상의 발견에 동참했다는
말을 들어보지 못했다.

왼손이 길고 오른손이 주책맞은 짓을 한다.
남의 일 자기 해치는데 골몰하고 있다.

순종으로서 따라가는 것 말고 또 뭐가 있을까.
단호하고 깊고 어두운 벨소리
저승의 목소리가 그러리. 하느님의 목소리가 그러리.

두 개가 나란히 갈 것인가 통합될 것인가.
가슴이 울렁거리면 배가 울렁거리게 하고

제일 좋았던 것이 소설 읽었던 일, 술을
깨려고 소리 내어 읽었던 일

아카시아는 어느 정도 올라가면 넘어지게 되어 있다네
위에서는 바람을 밑에서는 폭설을 견디지 못하네.

나는 방금 전 나와 결별한다
너의 의자 너희들의 의자 나의 의자 나의 아들의 의자
앉아보지 않고 떠난다

겁을 집어먹지 마라. 공중권세空中權勢와 손잡는다.

공중에 있을 수 있나, 공중권세와 손잡을 수 있나
어딜 가려고 하느냐 갈 곳이 있느냐 겁을 집어먹지 마라

뼈에는 얼굴이 없다

형식에 관하여 2

재떨이 뚜껑을 재떨이에 맞춘다. 뚜껑이 닫혔다고 본다 빈 곽을 쌓는다. LARK가 모두 전면을 향해 있다. 좌우 우좌가 대칭관계.
양쪽 커튼을 젖힌다. 만지고 또 만진다. 양쪽에서 들어오는 빛의 양이 똑같다.

왼쪽 바지 주머니에 전화기, 오른쪽 바지 주머니에 열쇠꾸러미, 왼쪽 뒷주머니에 지갑, 오른쪽 뒷주머니에 손수건 오래된 질서

양쪽 커튼을 젖힌다. 만지고 또 만진다. 좌우/우좌가 합동이라고 본다. 양쪽에서 들어오는 빛의 양이 똑같다.

배추밭에 배춧잎이 자라는 속도를 본다. 심장이 진동하는 소리를 듣는다. 540번 버스가 고속버스터미널까지 일정하게 반복한다고 본다.

"임신 초기의 여성들이 자리에 앉을 수 있도록 배려해 주시기 바랍니다"에서 '자리에 앉을 수 있도록'은 빼는 게 낫다. '이'는 '을'로 바꾸고.

수건이 정확히 대칭구조로 걸려있다고 본다.

오디세우스

돌아가라니? 대체 어디로 돌아가라는 말이냐.
하늘과 땅이 붙은 사막에 있다가
사막에 묻히련다.
고향이 무엇이더냐? 민족이 무엇이더냐?
나는 돌아가지 않을 사람이다.
가슴 두근거리며 소멸을 기다린다.
개죽음을 당하는 자는

나는 돌아오지 않은 사람에 속한다.
신神 없는 사막에서 큰소리로 우는 자는.

현대시

눈을 죽이는 것이 인간이고
잎을 죽이는 것이 인간이고
눈과 잎을 함께 죽이는 것이 인간이고
산을 올라가고 내려가는 것이 인간이고
막소주를 마시는 것이 인간이다.
인간이 질풍노도 운동이고 인간이 표현주의이고 '마부 크로노스'가 표현주의적이고
현대시에 인간이 포함된다.

무엇이 다 끝났다고 하느냐
무한한 세계를 만들려면 무한히 작은 점이 필요하다
별을 날아다니며 별을 낚아야 한다
별을 씹어 먹어야 한다
어머니 똥을 먹어 어머니를 차지하는 것과 같다

아버지 전상서

아버지가 잊혀지면 인류 또한 잊혀지리라.
아버지의 똥을 배설해서 세상을 살 만하고 견딜 만한 곳으로 만들자
아버지가 죽으면 인류 또한 죽으리라

인류가 잊혀지면 아버지가 잊혀진다(잊혀지리라)
아버지의 형상대로 로봇을 창조하시니까
로봇의 아버지의 성명이 사실 궁금하다.

궁금한 것이 풀렸다.
아버지가 인류의 아버지였다는 것
인류의 형상대로 아버지가 생기셨고
인류가 망하면 아버지가 망한다는 것
물이 변하여 포도주가 되었네
로봇이 인류와 인류의 아버지를 기억하게 될 것이다.

격정에 시달리지 않게 해 (격정을 배설해서) 세상을 살 만하고 견딜 만한 곳으로 만들자.
연민과 공포를 배설하여 평상시에 연민과 공포에 시달리지 않게 하는 것이다.
세상을 살 만하고 견딜 만한 곳으로 만드는 것이다.
아버지 똥을 먹어 아버지를 처리하는 것이 우선이다.

공중목욕탕

입이라는 붉은 동굴이 머금을 수 있는 물을 재보니 욕탕이라는 이름의 함몰이 머금는 양과 현저히 다르다. 욕탕이 그 많은 사람들로 해서 무게가 다르다. 뚜렷한 차이를 나타내고 궁극으로는 입을 다물게 한다. 오, 저럴 수가! 탄식하게 한다.

해운대 해수욕장에서 오, 저럴 수가! 부르짖게 한다. 입이 겸손해야 한다. 입은 뱉어내고 삼키지만 소량인 것으로 하늘이 정한 이치를 시인해야 한다. '에개개'는 입이 하는 말이고 유레카는 욕탕이 하는 말이다. 입을 크게 벌리는 자를 부인하지 못한다.

삼켜도 삼켜도 더 삼켜야 하는 입을 부인하지 못한다. 해줄 수 있는 것은 계속 부어주는 일, 해운대 해수욕장이 되게 하는 일, 욕탕에 모여 욕탕을 넘치게 하고 해수욕장에 모여 해수욕장을 넘치게 하는 일—; 그만, 이제 됐다 시인시키는 일,

눈덩이를 굴려 보낼 때 눈덩이의 운명이 정해진다. 큰 입을 알아보고 큰 입에 각별히 신경 써서 큰 입이 움직이기 전에 큰 입에 계속 넣어줘야 한다. 큰 입을 시인할 때 평화가 있다. 작은 입―큰 입의 관계는 기브-앤드-테이크 관계이다.

詩시에 대한 보고서

기상이 팽팽하다. 동물도 빠져나오지 못한다. 개가 속삭이며 짖는다. 버드나무 둥지도 위태로워 시커먼 새들의 어깨도 금방 내려앉을 것 같아. 일기예보를 믿는 사람이 있다면 밤새 나뭇잎은 떨어졌으며 앞으로도 떨어질 거라고 집으로 돌아가는 사람이 있다면

새벽녘의 베갯머리에서부터 쫓아오기 시작했지. 늦게까지 살아있어야 할 머리카락들이 먼저 죽어서 세면대에 감겨있던 머리카락도 척척 달라붙어 목울대를 잡아당기지. 꼼짝할 수 없었어.

이것이 전부는 아닐 것이다. 눈 오는 날, 비 오는 날 혹은 바람 부는 날 전쟁 소식에 귀 기울이다가 잠이 들고 잠에서 깨어나는 것 이것이 전부일 수 없다.

바다에 갈 땐 개와 함께 가라. 만질 수 있는 생명 중 가장 알 수 없는 생명 물렁물렁한 괴물 언제 수직을 드러낼지

모른다. 개를 데리고 가라. 물 나쁜 생선을 고르듯 좋지 않은 바다를 골라낸다.

아무렇게 던져놓은 꽃 그대의 젖은 머리에서 생생한 바람 빛으며 날아오르는 새 한 마리 보았다. 불볕 아래서 달빛을 쬐었다 오 그대여,

나무가 멍하니 쳐다본다. 여태까지 속아왔어 실컷 대주기만 하고 이게 뭐야. 이제부터 우리가 좋은 대기를 마실 거야. 너희들이 안 좋은 공기를 마셔. 그래서 나무들의 시대가 가고 있다.

봄날의 남편

위아래가 검다란, 다리를 약간 저는가 기우뚱, 죽음의 명수가 분명한, 사립문을 밀치고 마당 한가운데다 벌써, 죽음을 달라 한다. 단기필마 죽음을 달라. 도망치는 게 수數

마루에서 안방으로 안방에서 마루로, 징조는 무슨 징조 제 성깔을 못 이기는 징조가 끄떡없는 나날이다. 경찰이 손을 휘젓고 달려온다, 죽음의 명수. 피 묻은 솜 먹는 법을 보면서도 사람을 밀치고 달려오는 죽음의 명수,

안방에서 마루로 마루에서 안방으로 제 속력을 못 이기는, 피 묻은 솜과 죽음의 명수가 끝나게 돼있다. 죽음의 명수가 피 묻은 솜을 알 때 누구든지 피 묻은 솜으로 아는데 죽음의 명수만 모른다. 그만해라, 피 묻은 솜인 줄 모르는가.

추풍낙엽이다. 풀잎이 고개를 수그린다. 난로에 덴 자국이 오래간다.

아름다운 영혼에게

나의 원수는 나의 원수라고 밝힙니다
나라고 밝힙니다
원수는 처치하는 법, 기다리십시오
승리하고 돌아오겠습니다

좋은 추억 중에 살해殺害도 포함되지요?
좋은 추억을 만들겠습니다

든든한 친구로 평생平生 살아가십시다

인류세—자본세

기린이라는 모가지가 있고
모기라는 소리가 있고
뱀이라는 몸이 있고
사자 아가리가 있고
올빼미원숭이라는 초음파가 있다.
인간이라는 전두엽이 있고

몰락은 야금야금 찾아옵니다
1년이 지나 138억 년이 되었어도
다시 1년씩 지나 138억 년×2가 차근차근 됩니다
인류세라는 말에 동의합니다
예수세 무함마드세 소크라테스세 장자세
우리 할아버지, 나의 할아버지가 사셨습니다
붓다세, 붓다의 제행무상에 동의합니다
헛되고 헛되니 그러므로 모든 것이 헛되고 헛되도다, 전도서에 동의합니다.

자본세資本世에 동의요.

한식에 흘리는 눈물방울

세상을 화로 보내시라고 하는가. 평정으로 보내라고 말씀하시는가 세상

세상 값이 변하지 않더라도 세상을 건너는 건너가는 수數를 물어야 하니,
순간의 평정이고 순간의 화인 것이라 마찬가지로 하셔도

화가 보이는 것이 화가 보는 것과 평정이 보이는 것이 평정이 보는 것, 계산해야만 한다 하시고

수數가 당신으로서 당신의 평정을 말씀해야 한다 주변에 인생들의 평정을 말씀해야 한다 하시니

오늘은 평정이 우수하게 해야 하겠소
평정보다 화가 우수해야 하는 것을 미뤄 놓겠소

예스 아멘을 딩동 딩동 조금 더 가보는 식
아멘과 예스를 달성하는 것이 감동이 아니겠소, 조금 더
가보는 식

감동이 주변에게 말을 걸고 당신께 말을 걸고
당신이 말을 걸어오게 해야겠소

7부

80-20%

20-80이 아니라 80-20%다

3만 명 수만 명 이상의 자영업자들이 매년 자영업에서 퇴출, 많은 수가 벌거숭이 人生인생에 편입; 택시회사 운전사의 말을 듣자. 안양-군포-의왕 택시기사들 월급이 40만 원, 사납금을 떼고 남는 게 100만 원 조금, 일하는 시간이 잠자고 밥 먹고 뺀 전부인 나날, 가족과 붙어사는 경우가 드물다:

저임금노동자들 비정규노동자들, 치킨점-노래방에서 뛰는 시간제 알바들. 대책 없이 노후 맞은 노인들 따라다니는 박카스아줌마들,

우릴 봐라.

우리들이 원하는 건 80이 아니라, 20이 20끼리 80이 80끼리^^ 80은 80끼리다— 사노맹 사노정 대책 세우지 마라 20은 20끼리 살라. 우리에 흠집 내지 말라. 떳떳하게 산다,

우리를 보고 배우세요.

80이 스스로 행복하니 다행 중 다행 세계사世界史다. 80-20%를 준 세상에 감사한다. 20퍼센트 하나님께 감사한다. 보세요, 80이 하나님께 감사한다.

거대한 공동묘지

기둥이었던 인류, 하늘을 잠시 받쳤던 인류
인류의 서재였던 적은 오지 않으리.
알루미늄캔과 페트병은 발견되지 않으리.
일류는 기억되지 않으리.
텅 빈 객석, 상관하지 않는 햇빛만
자랑스럽게 무성하리.*

아버지는 나를 잊어먹고 나는 아버지를 잊어먹고 쓸쓸히
잊혀지는 존재라네

* "자랑처럼 풀이 무성할게외다."(윤동주)

부고란을 보고 알았다

아버지가 돌아가실 줄 몰랐다.
몰래 돌아가실 줄 몰랐다.
아버지의 영원한 죽음, 2,000여 년 만에
처음으로 아버지 없이, 아버지가 없는 대지를 살아야 한다.
아버지를 부정否定해야 한다.
아버지 없는 세상에 대해 살 만하고 견딜 만한 곳으로 만들어야 한다.

아버지의 무의식이 드러난 것이리라.
억압받고 계셨던 아버지
크리스마스에 관여하셨다가
아이티 포토뱅크스 성당에 갇힌 인구人口들
남아시아 쓰나미, 관동대지진으로 관여하신 아버지.

아버지 똥을 먹어 아버지를 분석해야 한다.

어떻게 바닷물을 다 마셔버릴 수 있을까?

다 마셔버렸다, 그가
에우리로코스는 바닷물을 왕창 들이켜고 죽어버리겠다고 했지만
그는 그러지 않았다; 다 마셔버리니까
스핑크스가 절벽에서 뛰어내렸다
테베에 다시 안녕과 평화가 찾아왔다
바닷물을 다 들이켜라, 틀림없이
서서 뛰어가는 자가 있을 것이다

바닷물을 다 마셔버린 자라면
같이 뛰어내릴 것이다, 절벽에서
스핑크스가 그랬던 것처럼
세계는 다시 꿈이 될 것이다
다시 꿈에서 깨어나지 않을 것이다

어떻게 바닷물을 다 마셔버릴 수 있을까
나는 아테네 여신의 가장 살진 암소를 놓아준 것이며

오디세우스에 기대어 귀환하리라
내 종족을 처치하고 다른 종족과 싸울 것이다
어떻게 바닷물을 다 마셔버릴 수 있을까.
제단을 다시 쌓고 계속 경배 올릴 것이다

멈추어라, 아름답도다?
어떻게 다시 시작할 수 있다는 말인가, 강을 건너
진전이 미덕이 될 수 있다는 말인가.
병의 쾌락을 잊어버릴 수 있다는 말인가.

그가 바닷물을 다 마셔버리자
스핑크스가 뛰어내렸고
서서 뛰어가는 자가 뒤돌아보았다
이것 말고 또 무엇이 있다는 말인가.

천사는 아들이 아니다

목을 길게 늘이라, 늙은 아들
하늘에 말씀이 새겨진다

아버지가 직접 말씀하신다.
천사는 아들이 아니다.
목을 길게 늘이라, 늙은 아들

늙은 애비와 죽은 어미를 확인하는 늙은 아들
천사가 아닌 조그마한 아들,
이마에 이마를 대고, 머리에 머리를 건너
좁지 않은 동굴. 우굴우굴한 동물

섬으로 가자, 큰 구멍으로 같이 가자

들어주는 천사가 아니다
애비와 어미와 늙은 아들의 합창合唱
들어주는 천사가 아니다

놀라지 말라, 늙은 아들 아버지가 직접 말씀하신다.
천사는 아들이 아니다.

과학적 바다

거기에 서면 땅은 어떻게 생겼는지 안다. 어디서 끝날지도 안다. 흙이 점점 빨려간다. 어느 영화감독이 자유의 여신상을 빠뜨렸다. 내가 장대열차를 밀어 넣는다. 거기에서 생명이 시작했지만 여기에서 생명이 그만둔다. 그대들은 아직 비명을 지르지 않았다면 지금 비명을 지르라. 그것이 차갑다 합창하라.

언제 물은 들어올지 모른다. 구멍 뚫린 하늘로 그대의 자궁으로 물은 날아다닐지 모른다. 물 새끼를 낳을지 모른다. 물 새끼가 물 새끼를 낳고 전혀 새로운 족속은 정주할 것이다.

달팽이들이 벌써 그들의 다음 세기로 이동하기 시작했다. 새들을 불러 보아라. 새들이 이미 관념일 뿐이다. 허공이 서서히 액체로 변해간다.

다른 때의 족속을 위해 살지 않아도 된다. 원숭이의 조상은 나를 위해 살지 않았던 것처럼, 지금 그대를 구하라. 그대는 아직 물고기는 아니라면 지금 돌아다보라. 바다는 괴상한 모양을 하고 있다. 바다는 껑충 뛰려고 하고 있다. 나무들은 애걸하고 있다. 과학이 아닌 일로 나를 엎어치지 말라.

닭장인가 토끼장인가

저게 닭장인가 토끼장인가? 그것을 덮고 있는 두꺼운 모직 담요. 누가 빠져나가려고 하고 있다. 그것밖에 없는데.

아무도 없는 곳. 닭장인가 토끼장을 열고 그 위에 덮인 두꺼운 담요를 벗기려 하고 있다

담요는 벗겨지지 않는다. 닭장인가 토끼장은 열린 곳이 아니다.

계속 소리가 난다.

아무도 보는 것이 없는 곳에서 땀을 뻘뻘 흘리고 있다. 문을 열려고 담요를 벗기려고 모두 잊은 곳에서 나가려고 하고 있다.

내가 가서 담요를 들춰주려고 한다. 닭장인가 토끼장인가 문을 열려고 한다. 닭인가 토끼를 보려고 한다.

병렬양식

바스러지는 고무
지우면, 바스러지는 푸석푸석한 고무
화장실 안이 공개된 화장실
국대에 간 장화홍련전, 아름다운 아버지의 어머니 ＿어머니의 아버지.
죽어버려라 다슬기 죽어버려라 돈벌레

술에 절어 ＿되갈 길 잊어 현賢 원源 성聖이 나타났다
호텔에 가면, 잊어버리고 잃어버리고 노략질하고
갈 길이 멀다. 못 들어갈 것 같다

병렬양식은 더 길어야 하지 않나?,
원형감옥의 설계자
학교의 급훈 ＿성실誠實
군 내무반 야간 점호
공사판 ＿안전제일 공사판, 낙 석 위 험
'낙 상 위 험' 경고문

왕은 죽었고, 왕은 아직 오지 않은 궐위闕位의 시대
이어지는 비명, 똑같은 멜로디

이건 병렬양식이 아니지, 양쪽 몽둥이로 휘둘러보지만
바짝 따라오는 그림자, 그림자 냄새
그림자 근육 그림자 소리
더욱 바짝 따라잡는 그림자가 몸뚱어리
를 기어이 접수하는

그림자가 몸뚱어리가 됐다,
이건 병렬양식이 아니다 성황당 산길
오늘도 별에 바람이 스치운다
바람에 갓이 스치운다
그림자가 밟는 것이 나뭇잎만이 아니라

그림자가 그림자가 아니라
(기어이 저만치 서서 간다)

바스락바스락 그림자 발자국이라고 할 수 없는
기어이 그림자가 몸뚱어리를 덮어쓰고
저만치 앞서 간다,
뒤돌아보면 그림자가 하! 없는 이유
몸뚱어리, 그림자의 야유여

이것은 병렬양식이 아니다,

1955 인도네시아 반둥회의—제3세계, 아시아·아프리카 29개국

아프가니스탄 왕국, 실론, 인도, 파키스탄, 네팔, 인도네시아

버마, 캄보디아 왕국, 라오스, 필리핀, 태국

일본, 중화 인민공화국, 베트남 민주공화국[북베트남]+베트남[남베트남]

이집트 공화국, 이란, 이라크 왕국, 요르단, 레바논, 사우디아라비아, 시리아공화국

에티오피아 제국, 골드코스트[가나], 라이베리아, 리비아, 수단

터키, 유고슬로비아 사회주의연방공화국

예멘 무타와킬 왕국, 키프로스(옵서버)

지리학자 재러드 다이아몬드

북한강 700원

백두산 500원

두만강 500원

봉의산 400원

소양강댐 800원

설봉산 600원

주천강 900원

경포대 소나무밭 300원

군포 철쭉 동산 1,100원

안양천 100원~200원

시인 110원

광화문광장 10,000원

센강 250원

로키산맥+그랜드캐년 1,000원

킬리만자로 100원

빅토리아 폭포 100원

도나우강 150원

히말라야 에베레스트 350원쯤

우크라이나 1,200원

러시아 1,200원

지구+달 30,000원

태양 1해가량

횡성 명품 500원

월현교 1,200원

합계: 1해垓가량

어머니

그냥 지나치기 가장 쉬운 존재가 가장 아픈 존재일 줄이야. 데굴데굴 구르며 살 줄 몰랐네 —진정 난 몰랐네. 다들 그러는 눈친데 그들도 눈치를 못 챘나. 앞선 자들이 일부러 눈치 못 채게 하진 않았을 텐데…….

모두 내가, 설마, 그럴 리가, 했겠지. 잘 돌아가실 거라 여겼나. 돌아가실걸 생각을 아예 안 했을 수도. 탐진치의 치가 어리석을 치痴다.

그나저나 면피가 안 돼. 데굴데굴 구르다 잠드는 일이 내일. 깨어나지 않기를 나도 원해.

내일이 오지 않았으면 —많이 그러고 있는 줄 알아, 나도 원해. 그렇다고, 상황이 좋아지는 게 아니라는 것도 알고 있고. [—깨달음이 와 이러지 않기를 바란다]

상황이 좋아지지 않기를 바라는 전형적 속성도 나타난다.
이 시의 제목은 틀림없는 어머니.
그냥 지나치기 쉬운 존재가 가장 아픈 존재일 줄이야.

장작 몇 개가 어려운 인생이 인생인 인생,/ 더불어 사는 삶을 말하면 믿지 마라./ 대개가 약간 더불어 죽음인 삶을 살라

서로 의지하면서 죽는다는 것은 안다. 혼자 장작이 혼자 끝까지 죽기 힘들다 곁에 하나둘 장작이 있으면 같이 끝까지 타다 죽는 것 같(아서)다

불꽃같은 삶(!)을 살고 싶다 불꽃처럼 끝까지 불꽃처럼 쉬지 않고 죽어가고 싶다. 끝까지, 유행가처럼 아낌없이 남김없이 타 죽으려면 곁에 한 사람이 같이 타아주면 쉽다. 한두 사람 두세 사람이(같이 타)면 더 좋을 것 같다. 그 장작들도 마찬가지 불꽃같은 삶이 아닐 리 없다

불꽃처럼 유행가처럼 남김없이 아낌없이 타려고 할 때 敵적이 없다 남김없이 다 바쳐 공중발에 내어줄 때까지 두려움이 없다면, 불꽃같이 몸을 태워 죽였소, 하고 말해도 좋다

두려워 말라 스스로 가장 높은 자로 소개한 사람의 아들도 두려움을 최고로 치지 않았는가 이 잔을 거두어주소서, 하지 않았나

조국을 위해 민족을 위해 가장 혜택 받지 못한 자들을 위해 불꽃을 태우는 것이 아니다 가장 혜택 받지 못한 자, 조국에게 민족에게 몸을 태우는 법, 둘이 셋이 있으면 말하라. 두려움 때문에 불꽃이 필요하다 불꽃같은 사랑이 필요하다 나는 당신을 사랑합니다. 나도 사랑합니다. 나도 사랑합니다.

당신을 위해가 아님, 더불어 사는, 유행가 같은 삶을 말하는 게 아님 불꽃같은 삶이고 반드시 불꽃같은 죽음이어야.

두려움 없는 불꽃은 타다 남은 것을 두지 않고, 타다 남은 재까지 두지 않는다, 불꽃에 과감히, 그리 많은 장작이 필요하지 않다, 한 개의 더 장작, 두 개의 더 장작이면 된다. 한 개의 장작 두 개의 장작에 서로 몸을 맡기는 일이다. 혁명은 혼자 힘들다 완전히 타려면 한 장작 더, 한 장작 더, 한 장작 더가 충분하다.

더불어 사는 삶이 아니라 더불어 죽는 죽음을 하라! 싶다. 더불어 사는 삶 말을 조심하라. 타다 만 삶이고, 죽다 만 장작이다

어려운 거는 장작 몇 개다. 장작 몇 개가 어려운 인생이다. 장작 두어 개가 의지하며 죽는 인생이다. 그렇다고 개 같은 인생은 면할지 몰라도 개 같은 죽음이 안 되는 것은 아닐 듯. 죽음이 뭔지 아나.

쪽팔리는 [섹스와 (쪽팔리는)] 시인은 계속된다

돌아보면 돌아보면 돌아보면 쪽팔리는 인생이다. 쪽팔리지 않은 것이 없고 쪽팔리지 않은 날이 없다 오늘 지금도 쪽팔린다;

쪽팔린다고 쪽팔리지 않게 되지 않고 다시 쪽팔리는 인생이다. 쪽팔리는 날 쪽팔리는 비문非文은 계속된다. 이쯤 되면 태어난 게 쪽팔리고 죽는 게 쪽팔리고 _생로병사가 그 변덕성이 쪽팔린다.

연애가 쪽팔리는 연애다. 쪽팔리지 않은 연애 아닌 것이 없다 비문 아닌 연애 없는 연애들 우선 연애 때문에 쪽팔리고 연애 때문에 쪽팔리는 것이 쪽팔리고. 쪽팔리는 연애를 쓰는 것이 쪽팔리고; 섹스는 쪽팔림의 절정이다

이쯤 되면 쪽팔리지 않은 것이 없다. 부모한테 손해배상 청구한 인도 청년 부모 말고 다 쪽팔리니 그동안 행각들이, 사람들과의 행각을 돌아보면 행각으로 다 쪽팔리니

부모한테 손해 보상 청구해 보는 것이 나았다; 김수영 어조가 쪽팔린다.

부모한테 안 쪽팔린다. 부모한테 안 쪽팔린다 부모 진리와 같다 진리는 반박 불가능하다 부모는 그래서 최고 권력으로서 손해배상 청구 대상이다. 부모는 부모고 나는 나고 하면 정말 쪽팔리는 짓이다. 부모에게 손해배상 청구한다.

연애 말고 고통이 쪽팔린다. 고통이 쪽팔리는 것으로서 쪽팔리는 고통으로서 쪽팔리지 않은 고통 아닌 것이 없었으므로 쪽팔리지 않은 인생 절대로 아닌 인생이다. 쪽팔리는 것은 돌아보는 것은 되지만 돌아보면 쪽팔리지 않은 게 없다

고통은 부당하다 고통을 말한 것도 부당하다. 쪽팔리다. 고통은 정당한 것을 정당하지 않은 것으로 부당한 것으로 말했으니 전全인생이 쪽팔린다.

쪽팔리는 고통을 말한 것이 안 쪽팔리는 고통이 되는 것이 아니고, 이 또한 쪽팔리는 것이라는 것을 아니, 더욱 쪽팔린다. 쪽팔리는 인생이라고 해서 안 쪽팔리는 인생이 되는 것이 아니니 더 쪽팔리고 다시 쪽팔린다. 계속되는 쪽팔리는 인생이다. 쪽팔리는 데 나이가 없다. 쪽팔림은 계속된다.

시인의 쪽팔림은 계속된다. 그냥 넘어가지 않고 확인하는 것이 시-(인)의 쪽팔림이다. 미궁으로 가두지 않고 미궁을 드러내는 쪽팔림, 시(인)의 쪽팔림은 계속된다. 시는 쪽팔리는 시다. 시인은 쪽팔리는 시인이다. 나이 불문인 쪽팔림 그렇지 않다고 하는 것이 쪽팔린다.

기쁨이 인생인 인생

지하철 기다리면서
도착했을 때
탈 때
출발하면서
자리에 앉으면서

출발할 때
가까이 갈 때 도착할 때 불안하고
좌측이나 우측이나 불안하고
내려서 불안하다

모두가 불안인 날 어쩌지 못하는 날

넘어가고 싶다.
북으로 철조망을 넘을 때 불안하고
남으로 일본 열도 항공모함이 불안하다
넘어가고 싶다.

서로 가고 싶다. 삼장법사 손오공 넘어가고 싶다.
동으로 가고 싶다. 독도를 넘어가고 싶다.
동해를 넘어가고 싶다.

넘어가고 싶은 날이 있다. (투성이가) 넘어가고 싶다.
악은 믿을 만하다—신은 믿을 만하다

넘어가고 싶다.
지하철 탈 때 기다릴 때 내릴 때 불안하다
불안한 사람 나밖에 없는 날까지.